汉语教学疑难解析系列
Analyses of Problems in Chinese Language Teaching

U0952258

Analysis of Errors of Foreign Students in Learning Chinese Grammar
(Reprinted Edition)

外国人学汉语语法偏误分析
(重排本)

李大忠 著

北京语言大学出版社
BEIJING LANGUAGE AND CULTURE UNIVERSITY PRESS

图书在版编目（CIP）数据

外国人学汉语语法偏误分析 / 李大忠著．—2 版
．—北京：北京语言大学出版社，2020.11（2024.3 重印）
ISBN 978-7-5619-5765-3

Ⅰ．①外… Ⅱ．①李… Ⅲ．①汉语－语法－对外汉语教学－教学研究 Ⅳ．① H195.3

中国版本图书馆 CIP 数据核字 (2020) 第 193320 号

外国人学汉语语法偏误分析（重排本）

WAIGUOREN XUE HANYU YUFA PIANWU FENXI (CHONGPAIBEN)

排版制作：北京青侣文化创意设计有限公司
责任印制：邝 天

出版发行：北京语言大学出版社
社　　址：北京市海淀区学院路 15 号，100083
网　　址：www.blcup.com
电子信箱：service@blcup.com
电　　话：编辑部　8610-82303647/3592/3724
国内发行　8610-82303650/3591/3648
海外发行　8610-82303365/3080/3668
北语书店　8610-82303653
网购咨询　8610-82303908
印　　刷：天津嘉恒印务有限公司

版　　次：1996 年 10 月第 1 版　2020 年 11 月第 2 版
印　　次：2024 年 3 月第 4 次印刷
开　　本：880 毫米 × 1230 毫米 1/32　印张：7.875
字　　数：210 千字
定　　价：38.00 元

PRINTED IN CHINA

胡明扬　序

教外国人学汉语和教以汉语为母语的中国人学汉语完全是两回事。以汉语为母语的中国人在上小学以前就已经掌握了汉语的基本语汇和这些语汇的基本用法，他们学习汉语的任务是扩大语汇量与学习书面语的语汇和用法。中学毕业，可以说，他们学习实用汉语的任务已经完成，进一步要学的就不属于实用汉语的范畴了。外国人学汉语就完全不一样了，他们是从零开始的，要掌握汉语得下很大的功夫，要经历一个一点儿一点儿学、一点儿一点儿记、一点儿一点儿用、逐步提高、逐步熟练的过程。

长期以来，对外汉语教学比较重视语法教学，忽视语汇教学，所以语汇教学就成了对外汉语教学的一个薄弱环节。实际上语汇是语言存在的唯一的实体，语法是无法脱离具体的语汇而存在的，因为说到底，语法只是无数具体语词的具体用法的概括，而概括当然有所舍弃。这就是为什么不论是外国人学汉语还是中国人学外语，如果只掌握一些干巴巴的基本语法规则，一张嘴，一动笔，就要出错的根本原因。相反，本国人即使不学语法也不至于出错，原因就在于已经掌握了具体语词的具体用法。因此语汇教学的重要性是怎么强调都不会过分的。也正因为如此，加强语汇研究和语汇教学就成了当务之急。

对外汉语教师在语汇教学方面经常苦于找不到适用的参考资料。虽然有一部《现代汉语八百词》，可是还满足不了语汇教学的需要。我们迫切需要一部像《牛津高级学生词典》和《朗曼当代英语词典》那样专为外国人编写的《汉语词典》。这样一部词典不仅应该有确切的释义和丰富的例证，而且应该有用法方面的内容，特别是要有针对汉语和学生母语之间的差异的内容。但是要编这样一部词典必须先做大量基础性的研究工作。如果没有对现代汉语语汇进行广泛、深入的研究，没有积累大量的有关资料，要编写这样一部词典是很困难的。

语汇研究是十分琐碎而艰苦的，在某种意义上讲，往往是吃力而未必讨好的，因为尽管都是中国人，各人的语感不完全相同，在某些问题上分析得越细致，越是不可能没有争议。但是这样的工作应该有人去做，也必须有人去做。

李大忠同志长期从事对外汉语教学工作，积累了丰富的经验，近年来又专门从事外国学生学汉语的偏误分析研究，还连续多年开设了这方面的课程，对外国学生在使用时容易出错的一些常用语词和语法现象通过正反两方面的例证进行讲解，并尽可能摸索预防和纠正的措施。集腋成裘，历时十余年，共得专论三十篇，定名《外国人学汉语语法偏误分析》，行将结集付梓。

《外国人学汉语语法偏误分析》一书的出版定会对对外汉语教学做出自己的贡献，希望作者锲而不舍，继续努力，在这一领域做出更多的贡献。

胡明扬

关于语法偏误分析（自序）

一、缘起

我 1965 年毕业于中国人民大学语文系语言学专业，当年留校任教，开始从事对外汉语教学工作，教学对象是越南学生。从那时起，我就注意搜集外国人在学汉语、用汉语时出现的各种错例，思考隐藏在其中的有价值的东西。

1972—1978 年我在北京大学从事对外汉语教学工作，先后教朝鲜和越南学生。按照语言的形态分类标准，朝鲜语属黏着语，越南语属孤立语。我在教学中惊奇地发现：两国学生虽然母语类型截然不同，但他们在学习汉语时却有很多语法错误是相同的。1978 年我回到人民大学，80 年代初人民大学恢复对外汉语教学。最初我负责教由日本、法国、美国学生组成的一个高级班。我把这三国学生所犯的带共同性的语法错误整理出来，初步加以分类，专门开了一门课叫“病句分析”。当时主要是从实践中看到这种做法对外国学生学习汉语有实用价值，是从经验出发的，思想理论准备很不充分。1984 年，北京语言学院的鲁健骥先生在《语言教学与研究》第 3 期上发表了《中介语理论与外国人学习汉语的语音偏误分析》一文，介绍了国外关于中介语和偏误分析的理论。我读后受到了很大启发。该理论的许多观点和鲁健骥先生的许多见解与我在教学实践中的体会不谋而合。从那时起，我开始用中介语理论的观点来观察外国学生出现的各类偏误，用这个理论来指导自己的教学和研究。1988—1990 年我赴日任教，此课停开。1990 年回国，当年在人民大学恢复此课。1993 年课程名称改为“语法偏误分析”。没有现成的教材，每开一年课，教案就重新写一次。1990年我先后拜访北京语言学院的吕必松先生和鲁健骥先生，他们两位对我的教学和研究给予热情的鼓励和支持，同时建议我尽可能吸收汉语语法研究取得的新成果。这是一项很艰巨的工作，我本人是力不胜任的，只能尽最大的努力去做。五年后的今天做到现在这个样子。这本书就是在“语法偏误分析”课教案的基础上写成的。

二、误例的搜集和所分析项目的确定

我在多年的教学实践中看到了以下两个基本事实：

第一，操同一母语的学生在学习汉语的不同阶段上会出现不同的语法偏误；

第二，在同一学习阶段上，操不同母语的学生会出现相同的语法偏误。

我从事语法偏误分析的教学和研究是以这两个事实为基本前提的。

由于存在这两个基本事实，加之我自70年代以来主要从事中高级阶段的对外汉语教学，于是，作为第一步，我着意搜集中等以上汉语水平的学生的语法偏误实例，这些学生的母语种类共有英语、法语、俄语、德语、意大利语、日语、泰语、捷克语、越南语、朝鲜语/韩语、瑞典语、阿拉伯语等十几种。搜集的方式是随意的，有口头的，也有书面的；大部分来自我直接教的学生，也有少量来自别人有关的论著。

第二步，按语法项目对所有实例进行分类。类别有大有小：大到某种句式或某类句法成分，小到一个虚词。

第三步，筛选出对各国学生具有共同性的偏误项目。比如越南学生受其母语的影响，在用汉语时常出现“这个/那个+量词+名词”

的错误用法（如“*这个本书很有意思”）。这类偏误对操其他母语的学生没有普遍性。再如，日本学生和韩国学生受其母语的影响，容易出现把谓语动词放在受事宾语后面的偏误，但这主要出现在初级阶段，中高级阶段已很少见，而且对其他国家的学生也缺乏共同性。以上两类偏误都不在选取之列。

第四步，从带共同性的偏误类型中找出数量最大、使用频率最高、学生困难最大的项目，拿到课堂上进行分析。

这样就可以使所分析的每个语法项目同时具有以下三个条件：（1）误例的“作者”具有中等以上汉语水平；（2）对所教的各国学生具有共同性；（3）是错误率最高或比较高的。

不言而喻，这样做可以使教学获得最大限度的针对性和实用价值。

三、分析程序

我在本书中使用的分析方法可以说是静态描写法，基本程序可分以下几步：

第一步是层层分类，即对经筛选确立下来的每个偏误项目的所有实例进行再分类。分类的标准是偏误的性质。分类力求尽可能细致，因为只有这样才便于揭示偏误的实质。当然，分类细致到什么程度，这是相对的。要体现语法分析的特点，分类就必须有一定程度的概括性，否则就变成词汇学范围内的分析了。

分类有一个前提条件，就是要准确地建构偏误形式所包含的语义内容。在绝大多数情况下，这是轻而易举的事，但有些隐蔽性的语法偏误则要靠语境（这里是指广义的语境）的帮助才可把真实的语义内容建构出来。有一个意大利学生，明明是他对一位金发女郎感兴趣，可说出来的话却是“那个金发女郎对我感兴趣”。再如日本人，明明是田中从山本那儿买了一台电视机，可田中却说成“我的电视机是山本给我卖的”。这两个误例都是学生母语负迁移的结果，但仅从这两句话本身却看不出有什么不对，这就是一种隐蔽性的语法偏误。孤立的造句练习容易出现此类偏误。在实例的搜集和分类过程中，对此类偏误都应当特别注意。

第二步是描写，即对所分出来的类在意义和结构上的共同点进行抽象并一一列举出来。这样做的目的，具体说来，就是要看每一类是用什么样的结构形式来表达什么样的语义内容，或者说，某个语义内容是通过什么结构形式表达出来的。

第三步是正误对比。这是分类的直接目的。具体说来，就是根据前一步骤所建构的语义内容，找出该语义内容在汉语里应该具备的结构规则，这样就可以把偏误更清楚地显现出来、反衬出来。

这里有必要区分偏误来源和偏误构成这两个概念。

偏误来源，顾名思义，是指偏误由何而来。从大的方面来说，汉语中介语里的语法偏误的来源主要有两个：一个是学生母语语法规则的负迁移；一个是汉语内部语法规则的负迁移，即过度泛化。顺便说一下，根据我的大概的调查和统计，在中高级阶段，语法偏误的主要来源是后者而不是前者。

偏误的构成是指偏误实体本身在哪一点上造成对汉语语法规则的偏离，是指偏误之所以成为偏误的症结所在。

发现偏误并对其加以纠正是属于常识范围内的事，找出偏误的来源对一个有经验的汉语教师来说也不是特别困难，而指出偏误的构成则意味着对偏误本身的解释，是说明它在哪一点上或由于什么具体原因违背了汉语的正确规则。因此，它比发现偏误来源要困难得多，是语法偏误分析全部过程的“攻坚”阶段，因为它要求教师知其“所以然”。

正误对比的完成意味着分析工作的结束。这一步一旦完成，偏误材料的生命价值即告终结。

至于改正偏误，那是正误对比完成以后水到渠成的事，是分析的自然结果。这里应当提及的是，在大多数情况下，最好不要局限于正误一对一的改正方式。在完成了分析和建构意义的工作之后，最好让学生了解汉语里表达该语义内容的多种手段，这对具有中等以上汉语水平的外国学生尤有必要，其道理是不言而喻的。

四、课堂教学的基本方法

这里不打算谈课堂教学的具体方法和技巧，而只谈最一般的教学指导思想和教学路子。

我们一般所说的“汉语专业”的外国学生实际上可分为两大类：一类是研究汉语的；另一类是学习汉语的。前者以掌握汉语为前提，后者则是以掌握汉语为目的。我所开设的“语法偏误分析”课历来都是以后者为教学对象的。根据这样的教学对象，我的体会是，教学最好不是从理论或结论出发，而是从分析每一类的偏误实例出发。教学的基本路子是从分析偏误实例开始，一步步地推进，直到得出相应的结论。这是一种让学生“跟着教师走”的方法。教师把分析过程与讲授过程统一起来，仿佛是与学生一起走完从分析材料到得出结论的全过程。这里之所以说是“仿佛”，是因为对教师来说，讲授前的分析早已完成，结论已经“先验”地存在于大脑中了，课堂上只不过是把认识和分析过程重演一次而已。这样做不仅学生易于接受，而且还有一个很重要的作用，即有助于培养学生进行语法分析的能力，有助于训练学生从事语法研究的方法。这门课显然不是技能训练课而是专题理论课，但采用上述方法可以让学生一点儿也感觉不到理论的压力，完全没有抽象、枯燥之感。

五、偏误分析的地位

偏误分析最容易被一般人理解为“改错”，从上文的论述可以看出，远不是那么回事。也有人把它看成消极修辞，这是用母语教学的观点看待对外汉语教学所导致的必然的逻辑结论。

汉外对比分析能揭示汉语中介语中语法偏误的一个重要来源，即学习者母语语法规则的负迁移，并因此能对此类偏误有一定的预测能力。但是，正如黎天睦先生所说：“我们不应当认为对比分析能够解决学生的所有困难”（黎天睦：《现代外语教学法——理论与实践》第106页，北京语言学院出版社，1987年），“传统对比分析也好，非传统的对比分析也好，都不能解释学生的所有错误”（同上，第114页）。之所以如此，据我本人的体会，主要是因为：第一，对比分析无力解释目的语（汉语）内部的负迁移，因而对此类偏误缺乏预测能力；第二，对比分析无力解释不同母语的学生何以会出现相同的语法偏误；第三，通过汉外对比来揭示偏误的来源并不等于对偏误本身的解释。对比之下，中介语理论和偏误分析不仅扩大了我们研究第二语言教学的视野，而且提供了新的活力。正因为如此，盛炎先生说：“错误分析是对比分析的新发展，被认为是第二代应用语言学研究中的前沿阵地和尖端科学，对第二语言和外语教学有十分重要的意义。”（盛炎：《语言教学原理》第114页，重庆出版社，1990年）

第二语言教学的出发点和归宿是让外国学生用学到的汉语语法规则去进行语言交际实践。实践是很具体的，每一次的交际实践都是受多种因素制约的。学生用所学到的有限的语法规则去进行交际很难应付得了具体实践提出的多样性的要求，因此套用母语的语法规则或使已经学到的目的语的语法规则“过度泛化”，出现语法偏误就不可避免了。可见，中介语理论承认偏误存在的“合法性”并把偏误看成中介语的一个组成部分，是一点儿也不奇怪的。以第二语言学习者所使用的目的语为研究对象的中介语语言学，应当在语言科学的殿堂里占有一席之地。

六、几点说明

1. 由于本书中误例数量巨大，为方便行文和印刷，误例前一律省略“*”号。

2. 本书不是对所选定的语法项目的正面描写，更不是全面的正面描写，而只是分析每一项目的偏误类型。因此，本书分析的角度与一般语法论著的正面描写和论述有很大的不同。

3. 本书的教学对象是具有中等以上汉语水平的外国学生。“中等以上”不是整齐划一的水平界限，因此教师在使用该书时，对不同偏误类型的分析，深浅详略可以根据学生的实际水平而有所取舍。另外，由于本书力求说明每一类偏误的“所以然”，这就势必涉及现代汉语语法研究的前沿，因此不少分析和说明就不得不多少带有点儿学术味道。本书不是教案，而只是提供参考，教师在教学中完全可以依教学的实际需要而有所变通。如果所教学生的母语是单一的，教师最好把偏误分析与汉外对比分析结合起来，这样做教学效果会更好。

4. 少量误例后边注有“佟”字，是指该例引自佟慧君先生所编的《外国人学汉语病句分析》一书；个别例子后注有“杨”字，是指该例引自杨庆蕙先生主编的《现代汉语正误辞典》。

我的教学和研究工作十余年来自始至终得到胡明扬老师的热情鼓励和指教，这次部分分析项目的初稿也经胡老师修改过。没有胡老师的提携和教导，此书的完成是很难想象的。北京语言学院的吕必松先生、鲁健骥先生也多次对我的工作给予指导，鲁健骥先生还细心审阅了不少篇目的初稿，提出了不少宝贵的修改意见。国家汉办教学业务部批准立项，资助出版，杨国章先生热情关心我工作进展的情况，多次予以指导。北京师范大学的伍铁平先生、杨庆蕙先生，商务印书馆的张万起先生，华东师范大学的范开泰先生等都曾对我的工作给予了热情的鼓励。全书初稿还经北京语言学院的张旺熹、储诚志、孙德金及人民大学的金天相、李泉、黄南松、陈满华各位同事的审阅，提出了许多宝贵意见。对他们所给予的指教、鼓励和帮助，我在此谨表衷心的谢意。我还要特别感谢中国社会科学院语言研究所和《中国语文》杂志社自1981年以来多次邀请我出席现代汉语语法学术讨论会，使我有机会当面向与会各位专家请教、学习，受益匪浅。

十余年来，我边搜集材料，边研究，边教学，工作量是很大的。特别是面对语法偏误分析特有的困难，我深感功底不足，只能是一边学习，一边研究。现将此书奉献给读者，热情欢迎批评指正。特别是我对误例的判断是否妥当，对偏误的分析是否正确，很希望听到来自读者的批评意见。

李大忠

目　　录

第一章 才

1

副词“才”可以表示时间（“他今天才来”）、数量（“他才十七岁”）、程度（“他才是个中学生，你不能要求太高”）、语气（“我才不听你那一套呢”）、关联（“因为不懂，我才来问你”“只有依靠群众，才能做好工作”）等。据观察和调查，在中高级阶段，外国学生出现的偏误有以下几类。

:: 偏误分析 ::

第 1 类

（1）别着急，你在家考虑考虑才决定吧。

（2）这是我从中国寄出的最后一封信。下一封信等我到巴基斯坦才写吧。

（3）那个人说：“公主病了，因此今天不能开招待会了。等公主治好病才安排吧。”

（4）我有很多话要对你说，真是一言难尽，等我回到家时才当面对你说。

这些用“才”的句子都与时间有关系，“才”的前后都各有一个动词性成分，组成一个格式：

$$VP_1 + 才 + VP_2$$

作为时间副词的“才”表示“在说话者看来某行为动作或情况发生、进行或完成得晚”①。上边的格式所表示的时间意义有两层：第一层意义表示 VP_2 发生在 VP_1 之后；第二层意义表示 VP_2 发生、进行或完成得晚。比如，“他走了三天才到家”这句话，不仅仅表示“到家”发生在“走了三天”之后，同时还表示说话者认为“三天”的时间太长，或至少比预料的时间要长。再如，“她每天都是下了班才去接孩子”这句话，一方面是说“去接孩子”发生在“下了班”之后，同时也包含着“去接孩子”发生得晚的意思。

对照上引各例不难看出：这些例子都只是说明 VP_2 发生在 VP_1 发生或完成以后，并没有强调 VP_2 发生、进行或完成得晚的意思。要表达这样的语义内容，汉语里是用“再”而不是用“才”，即用格式：

$$VP_1 + 再 + VP_2$$

另外，从表达功能上看，在这些用“才”的误例中，说话人都预设（认为、确知、推断）听话人有一种愿望，希望说话人去完成 VP_2（或者说话人自已有这个愿望），但在 VP_1 完成之前，先不去实现 VP_2。如例（1），说话人认为“你”有实现“决定”的愿望，但在“考虑考虑”之前先不要实现“决定”。显然，这是一种带阻止性（即否定性）的祈使句。四例中有三例句尾带语气助词“吧”也可以说明这一点。按这样的表达功能，也应当把“才”改成“再”。②

上面所引的例子把“才”改成“再”以后，都表示“空缺的重复”，而不表示“实在的重复”，句重音都不在“再”上而在“再”之前的

① 陆俭明、马真（1985）《现代汉语虚词散论》第124页，北京大学出版社。

② 马希文（1985）跟副词“再”有关的几个句式，《中国语文》第2期。

词语上。[①]

第 2 类

（1）昨天晚上我感冒了，九点才睡觉。

（2）这篇课文不太长，我一个小时才看完了。

例（1）前分句说“我感冒了”，按一般情况晚上应当早些睡觉，可后分句中说睡觉的时间是九点。九点睡觉对生活在北京的人来说，在通常情况下不能算晚，可是后分句中却用了“才”，而“九点才睡觉”意在说睡得太晚。这样，用“才”所表达的意思与说话人要表达的实际意思正好相反。这里的“才”应当改用“就”。用“就”以后表示说话人对“九点”这个时间的主观评价，即认为比平时睡得早。改用“就”以后，句尾应当加上“了”。

当然，如果说话人平时晚上睡觉的时间是在九点以前，那么该例“九点才睡觉”固然成立，可那样一来，就与前分句的隐含义（即感冒就应当早睡觉）发生了矛盾。

至于说话人是不是真的每天晚上九点以前睡觉，那不是话语本身的问题，而是话语以外的预设（presupposition）问题。

例（2）的问题比较明显：因为课文不太长，所以不需要很长时间就可以看完，该例里用“一个小时”也的确不算长时间，可是例句本身用了“才”，用“才”表明说话者认为用一个小时太长，这就造成了与前分句的课文不太长、所需时间不会多这个意义之间的矛盾。因此，例中的“才”也应改为“就”。

---

① 关于“空缺的重复”和“实在的重复”这两个重要概念的论述，见前页注①所引陆俭明、马真的著作第 18 页。

第3类

（1）昨天去了好几家书店，才我买到了这本词典。

（2）他很用功，每天夜里十二点才他睡觉。

（3）除非解决这些经济方面的问题，才儿童能上学。

副词“才”不能出现在主语的前边。这三例的“才”分别在主语“我”“他”和“儿童”的前边，故都不对，应改在主语之后。例（3）主语“儿童”后边有能愿动词“能”，“才”应放在“能”之前。

第4类

（1）去年他得了癌症，当时他才三十九岁了。

（2）他说：“爷爷去世的时候，我才四岁了，所以没有关于爷爷的记忆。”

（3）这个姑娘今年才十七岁了。

（4）我来中国以前学汉语才学了两年半了，所以水平不高。

（5）他抽烟才三年了，没想到牙全黄了。

例（1）（2）（3）都是表示年龄的名词谓语句，例（4）（5）是动词谓语后边带时量补语。这些例子共同的地方是句中都有“……才+时量+了$_2$”，这不符合汉语的规则。“才”位于时间词语前，表示年龄小或时间短。“了$_2$”是语气助词，只用于句尾，表示肯定事态已出现或将要出现的变化。当前边有时量词语时，“了$_2$”表示肯定已达到的年龄或时间量，意在言年龄大或时间长，这就与前边“才”表示的意义相矛盾了。因此，在这样的句子中，“才”与“了$_2$”不能同现。

改正方法都是含有“才”的分句去掉句尾的“了”。

第 5 类

（1）在泰国时，我学过几年英语。可现在差不多都忘了。现在一到用英语的时候，我就很着急。可越着急越想不起来。我才知道我的英语太差了。

（2）有一天，我才有机会跟她聊天儿。

当用“才”表示动作行为发生或出现得晚时，“才”的前边一定要有一些表示相关意义的词语与其配合。这些词语可以在含“才”句子的内部，如：

我现在才明白 / 他这才同意 / 他明天才能来 / 后天他才走 / 这样他才高兴。

也可以是先行句，如：

我等了他半天，他才来 / 太阳升起很高了，他才起床。

如果句内、句前都没有这类词语，用“才”的句子就站不住。例（1）在“我才知道我的英语太差了”前边加上“这时 / 每当这时 / 遇到这种情况……”等类似词语，就可以起到承上启下的作用，“才”的使用才不会使人感到突然。

陆俭明、马真两位先生在《关于时间副词》一文中写道：“表示晚的‘才’，使用时在其前一定有表示时间的词语或另一动词性成分，除非是在疑问句中。”[①] 陆、马两位先生从正面语料中抽象出来的这个使用规则，跟我们从外国学生的反面语料中得出的结论完全一致。

例 (2) 中“我才有机会跟她聊天儿”是“我”想早些“跟她聊天儿”

① 陆俭明、马真（1985）《现代汉语虚词散论》第 124 页，北京大学出版社。

而不得，现在有了这样的机会在“我”看来已经是晚了、迟了，所以用了“才”。可是前边用的相关词语是“有一天”，表示的是不确定的时间，这与后边“才”的语义要求不协调。

要保留“才”，前边应当改用确定的时间，如说成“终于在一个星期天，我才有机会跟她聊天儿”。如果不用“才”，就可以保留“有一天”：有一天，我找了个机会跟她聊天儿。

主要参考文献

白梅丽（1987）现代汉语中“就”和“才”的语义分析，《中国语文》第 5 期。

陈小荷（1994）主观量问题初探——兼谈副词“就”“才”“都”，《世界汉语教学》第 4 期。

陆俭明、马真（1985）《现代汉语虚词散论》，北京大学出版社。

马希文（1985）跟副词“再”有关的几个句式，《中国语文》第 2 期。

史锡尧（1991）副词“才”与“都”“就”语义的对立和配合，《世界汉语教学》第 1 期。

王　还（1987）“就”与“才”，《门外偶得集》，北京语言学院出版社。

王　还（1992）漫谈汉语一些副词，《语言教学与研究》第 1 期。

张谊生、吴继光（1994）略论副词“才”的语法意义，见邵敬敏主编《语法研究与语法应用》，北京语言学院出版社。

第二章 就

2

汉语的“就”既是动词（“喝酒就菜”），又是副词（“他十五岁就参加了革命”）、介词（“就这个问题，请大家发表看法”）和连词（“你就唱得再好，我也不愿听”）。这里分析的都是外国人使用副词“就”时出现的偏误。

∷ 偏误分析 ∷

第 1 类

A 类：

（1）因为你的身子不方便，就他应该照顾你。

（2）在那儿，因为我们不能好好地学习，所以就我们的汉语水平提高不快。

（3）听了我的话，就他的脸色变了。

（4）昨天我对龙王说了你救我的事，就龙王让我请你到龙宫来。

（5）我认为，如果文化水平不高，就年轻人不能做好工作。

（6）如果能有这样的姑娘陪伴终身，就我一辈子算没白活。

（7）谁先画完蛇，就谁喝这壶酒。

（8）我一下车，就门关上了。

（9）一见到老太太，就大家让座。

（10）他一打开玉匣，就白烟冒出来了。

A 类各例都是复句。例（1）—（4）前分句表示原因或条件，后分句表示结果或结论。例（5）—（7）前分句表示假设的条件，后分句表示根据此假设的条件得出的推论或结论。例（8）—（10）表示后分句的谓语动词紧接着前分句的谓语动词发生。所有这些例子中后分句里的“就”都不应当在主语的前边，而应当移到主语的后边。

B 类：

（1）他认为，只要有钱，做什么都就很容易。

（2）下星期要是好天气，我们全班都就去香山看红叶。

这两例中均含有副词“都”。一个句子中如果有“都”又有“就”，那么“就”应当放在“都”之前。这是因为与前边的条件和原因相承接的，只能是“就”而不能是“都”。

以上 A、B 两类偏误的共同点是副词“就”的位置不对，属句子结构方面的问题。

第 2 类

（1）贾岛还不知道怎么回事，被拉下了马。

（2）只有一个米饭团子，吃完没有了，省着吃吧。

（3）一壶酒分给几个人喝，太少了。要是给一个人喝过瘾了。

（4）他们今天天黑以前要是赶不到山那边的太阳寨，只有在这深山中露宿了。

（5）这种砚是从明代起很有名的。

这些例子中共同的问题是该用“就”而没有用。

例（1）中的“被拉下了马”是承接前句，说明贾岛是在“还不知道怎么回事”的情况下“被拉下了马”的，后分句前边应当有“就”，以便与前分句承接。

例（2）的“吃完没有了”是一种紧缩句。所谓紧缩句，是指用单句形式表达复句内容的句子，在所表达的复句内容之间存在着某种意义关系，如让步、假设、因果、条件、承接等。在“吃完没有了”中显然隐含着假设关系，“吃完”是假设的条件，“没有了”是根据假设条件产生的结论，表达这样的关系，应当在“没有了”前边加上“就”。

例（3）中“给一个人喝”前边有“要是”，例（4）中“赶不到山那边的太阳寨”前边也有“要是”，可见都表示假设的条件，因此应当用“就”连接后边的词语，分别改成“就过瘾了”和“就只有在这深山中露宿了”。例（3）这样改了以后，也是紧缩句。

例（5）显然不仅仅是判断“这种砚”从明代开始“很有名”。在说话人看来，“从明代起很有名”意在言时间久远。这句话是一位日本人在翻译用日语写的商品介绍时说的。这个话语背景很重要：一种砚“有名”的历史越久远就越有价值。商家介绍此砚当然要强调其“很有名”的历史久远。译者简单套用日语语法，不知道汉语里表示说话人主观上认为某个时间长久时，要在谓语前边加上“就”。这里显然存在着预设，商家之所以这样表述，至少认定在以下几个方面与买者有共同的认识：第一，砚有名的历史越久远越有价值；第二，“从明代起”这个历史是久远的。如果没有这些共识，商家不会如此介绍。陈平先生曾经这样论述预设等语用因素在话语分析时的重要性：

“‘也’‘连’‘再’‘就’‘都’‘还’等副词或连词的用法，是话语分析的理想对象。这些词一般都有一个共同的特点：它们与预设

(presupposition)、焦点（focus）、蕴含（implicature）等语用概念有着极为密切的关系。这些词语的基本用法和派生用法大都建立在这些语用因素之上，并依赖这些因素来沟通其间的联系。脱离了语境提供的信息，脱离了对语境使用者的语言心理分析，很难指望能把这些词语的用法讲清楚。”①

第 3 类

（1）正是由于工人的辛勤劳动，就满足了全国人民的大量需要。

（2）直到晚上十点多，他就回到学校。

例（1）前分句指出原因，后分句是该原因产生的结果，表示这样的语义内容，后分句应当用“才”而不应当用“就”。

注意：这里不是一般意义上的原因和结果的关系，而是指“只有在某种条件下，或由于某种原因、目的，然后怎么样，（才）用于后一小句，前一小句常有‘只有、必须，要；因为，由于；为了’配合”(《现代汉语八百词》第 1 版第 87 页)。之所以指出这一点，是因为在表示一般的原因和结果的关系时，后一小句是可以用“就”的，比如：因为下雨，今天就不出去玩儿了。

例（2）中有“直到……”，也是表示时间长。这一例的“就”应当用“才”。

---

① 陈平（1987）话语分析说略，《语言教学与研究》第 3 期第 14 页；又见其所著《现代语言学研究——理论·方法与事实》第 65—66 页，重庆出版社，1991 年。

主要参考文献

白梅丽（1987）现代汉语中“就”和“才”的语义分析，《中国语文》第 5 期。

陆俭明（1985）虚词研究浅论，陆俭明、马真《现代汉语虚词散论》，北京大学出版社。

施关淦（1988）试论时间副词“就”，《语法研究与探索（四）》，北京大学出版社。

史锡尧（1991）副词“才”与“都”“就”语义的对立和配合，《世界汉语教学》第 1 期。

王　还（1987）“就”与“才”，《门外偶得集》，北京语言学院出版社。

王　还（1992）漫谈汉语一些副词，《语言教学与研究》第 1 期。

第三章 再

3

“再”是副词，表示动作（或状态）的重复或继续，多表示未然，如“我想再看一遍这个电影”“先别起床，再睡一会儿吧”；也可以表示一个动作将在另一种情况下（或某个时间，或另一个动作结束之后）实现，如“今年来不及了，明年再考吧”“看完电影再去洗澡”。表示前一个意义时，句重音在“再”上，表示后一个意义时，句重音在“再”前的某个词语上。[①]“再”的另一个用法是放在形容词前边，表示程度加深，如“还能再快点儿吗”“再便宜一点儿吧”。

∷ 偏误分析 ∷

第1类

（1）一年以后，我再看了一遍《黄土地》。

（2）宁采臣再娶了一个漂亮媳妇。这件事使全村的人们大吃一惊。

---

① “再”的这两种意义和用法，陆俭明先生分别称之为“实在的重复”和“空缺的重复”[见陆俭明、马真(1985)《现代汉语虚词散论》第18页，北京大学出版社]，马希文先生则分别称作“再1”和“再2”[见马希文(1985)跟副词“再”有关的几个句式,《中国语文》第2期]。

（3）后来，国王再结婚了。

（4）第二天晚上，这个姑娘再来了。

（5）今年八月我来了中国，然后，再开始学习汉语了。

（6）经过这件事，她恢复了魔法，再开始工作了。

（7）母亲听了小倩的话以后，再考虑了半天才下了决心。

（8）参观完工厂以后，我们再参观了厂里的幼儿园。

（9）下飞机以后，我们再坐了一个小时的汽车，就到了那儿了。

（10）再过了一会儿，她第二次进了他的房间。

（11）很长的时间再过去了，那个松脂球变成了化石。

（12）……这时，他想了一下，再问："这是为什么？"

（13）我刚说完，她再说："我跟你合不来，咱们还是分手吧。"

（14）等我说完，她再说："我喜欢水中的月亮。"

以上各例大致可分成三类：

例（1）—（6）为第一类。句中的"再"表示"看""娶""结婚""来""开始"这些动作行为的重复。

例（7）—（11）为第二类。句中的"再"表示前边的动作行为或事件发生以后，后一动作行为相继发生。其中，例（10）（11）用"再"的前分句说的是时间，因此可以说"再"表示时间"过"的状态持续不断。

例（12）—（14）为第三类。这三例中的"再"在表示动作行为相继发生这一点上与例（7）—（11）相同："问"是在"他想了一下"以后发生的；"她再说"是在"我刚说完""等我说完"以后发生的。所不同的是例（12）—（14）这三例都用于引语。

以上所有各例都有一个共同点：用"再"的句子所叙述的动作行为都是已然的，是已经发生或已经成为事实的。要表达这样的意义内容，不应当用“再”而应当用“又”。

例（12）—（14）中的“再”同“吃完饭再进城”中的“再”是不一样的：“吃完饭再进城”中的“进城”是尚未发生的动作，而例（12）—（14）中的“问”和“说”都是客观陈述已经成为事实的、已然的动作，因此“问”和“说”前边的“再”应改为“又”。

第2类

（1）这个音乐，我再想听一遍。

（2）如果有时间，我再想去图书馆阅览室学习。

（3）他虽然现在生活上遇到不幸，但是他很年轻，所以他再会有幸福的未来。

这三例“再”后面都有能愿动词。例（1）（2）“再”后有表示愿望的“想”，例（3）“再”后有表示可能性的“会”。

“再”与表示愿望的能愿动词结合时，“再”一般情况下要放在这类能愿动词的后边。如：

我想再玩儿一会儿 / 彼得想再去西双版纳 / 这本小说，我想再看一遍。

如果是在表示假设的复句中，前分句表示假设的条件，那么，“再”可以放在能愿动词前边。如：

你走后，再想来，可就不容易了 / 这次你不买，以后再想买可就买不着了。

例（1）（2）不是假设句，“再”不应放在能愿动词前，而应放在其后。

另一个改正方法是用“还”而不用“再”。用“还”时表示动作或状态持续不变，有“仍然”的意思。

例（3）中前边有“虽然……，但是……”，最后的小句表示“他会有幸福的未来”这一点不会因为“现在生活上遇到不幸”而改变。表达这样的意思，也应当用“还”。

第 3 类

（1）昨天晚上，他在外边哭了半天再回宿舍。

（2）直到这两天我再发现，他身上也有许多优点。

例（1）的主体“他”有前后相继的两个动作行为：“哭”和“回”。“哭”的后边有时量补语“半天”，表示“哭”的时间长，正因为“哭”的时间长，所以第二个动作“回”就发生得晚或迟。要表示这样的时间意义，应该用时间副词“才”，而不应当用“再”。

在这个例子中，“哭”的时间长和“回”的动作发生得晚这两个意义内容是由时间词“半天”本身表达出来的。其实，作为一个句法结构格式，“动词$_1$+ 时量 + 才 + 动词$_2$”所表达的意义同具体的时量大小是没有关系的。比如：

昨天老师问他一个问题，他愣了几秒钟才回答。

这里“几秒钟”的时间也是长的，“回答”在几秒钟之后也是晚或慢的。由此可见，在这种格式中，时间量其实是一种“主观量”①，它表示的是说话人对该时间量的主观评价②。

例（2）中有“直到这两天”的话语表现，从这个话语形式本身就可直接判断：“发现（他有许多优点）”这个动作（认知行为）是很

① 陈小荷（1994）主观量问题初探——兼谈副词“就”“才”“都”，《世界汉语教学》第 4 期。

② 施关淦（1988）试论时间副词“就”，《语法研究和探索（四）》，北京大学出版社。

晚的。因此“再”应改为“才”。

第 4 类

（1）他那种看不起别人的神气劲儿，使人们再忍耐不了。

（2）大家都尽情地跳舞、唱歌、喝酒，可是，一个人也没再想起这位无私的捕鼠者。

（3）宁采臣常对人们说：“除了妻子以外，我再谁也不爱了。”

这几个例子都跟否定意义有关系。

例（1）显然是说：“人们”对“他那种看不起别人的神气劲儿”曾经“忍耐”过，现在这种“忍耐”绝对不能或无论如何不能继续下去了。表达这样的语义内容，汉语用“再也”而不能只用一个“再”。

例（2）是说在“大家都尽情地跳舞、唱歌、喝酒”以前，还想着“这位无私的捕鼠者”（或者全体，或者至少有些人曾想着），而现在“想起这位无私的捕鼠者”的人一个也没有了。原例中第二个句子用的是一种周遍性主语句，即主语由数词为“一”的数量短语所充任的周遍性主语句。如：

一个人也不休息 / 一个房间也不干净。

一个干净的也挑不出来 / 一个也没来参加。

陆俭明先生准确地指明了这类周遍性主语句的两个特点：第一是“只有否定形式，没有肯定形式”；第二是“如果谓语动词是个及物动词，它后面一般不带宾语”。并且指出，下面的句子不好说一定是错的，但听起来很别扭：

？一个学生也不认得这个字。

？一个孩子都不听他的话。

？一个人也不觉得这儿苦。

？一位教师都不想参加比赛。

这些例子通常采用下面的说法来表达：

没有一个学生认得这个字（的）。

没有一个孩子听他的话（的）。

没有一个人觉得这儿苦。

没有一位教师想参加比赛。[①]

对照上引例（2）不难发现，该例的谓语“想起”是个及物性动词结构，而且带了宾语“这位无私的捕鼠者”。因此，该例应当改成：

没有一个人再想起这位无私的捕鼠者。

或：再没有一个人想起这位无私的捕鼠者。

或：再想起这位无私的捕鼠者的，一个人也／都没有。

或：再想起这位无私的捕鼠者的人，一个也／都没有。

例（3）用“再”的句子中有疑词代词“谁”。如果单从“再”来看，偏误也是很明显的：“再”是副词，后边只能出现动词或形容词，这里却出现了疑问代词。[②]另外，从句型上看，按陆俭明先生的分类，该句属于另一类周遍性主语句，即靠疑问代词的任指用法形成的周遍性主语句。所谓任指用法，是指不表示疑问，而是用以指某范围内的任何一个、任何一种，强调没有例外。例（3）除了有周遍性主语“谁”以外，还另有主语“我”和副词“再”。在这种条件下，该例可改为：

我谁也不再爱／我再也不爱谁／谁我也不再爱。

---

① 陆俭明（1986）周遍性主语句及其他，《中国语文》第3期；又见陆俭明（1993）《现代汉语句法论》第73—84页，商务印书馆。

② 在调查对象中，少部分人认为在口语中有这种说法。

第 5 类

（1）你托我买的衣服，我给你买来了。可你说太贵。我保证这件衣服没有再便宜不过的了。

汉语里要表示某事物所具有的性质最强或程度最高时，一般用以下一些同义句式：

a. 这最好。

b. 这最 / 再好不过了。

c. 没有比这更 / 再好的了。

d. 这不能再好了。

a. 他最聪明。

b. 他最 / 再聪明不过了。

c. 没有比他更 / 再聪明的了。

d. 他不能再聪明了。

可见，"没有"同"……不过了"在一个句子中不能同现，例 (1) 正是因为这一点才不能成立。可改为：

我保证这件衣服最便宜。

或：我保证这件衣服最 / 再便宜不过了。

或：我保证没有比这件衣服更 / 再便宜的了。

或：我保证这件衣服不能再便宜了。

（2）不管今天怎么再忙，我也要把这个材料看完。

当前分句中有"不管""不论"或"无论"这类连词时，它的后边应当有表示任指的疑问代词或者表示选择关系的并列成分。该例

“不管”后面有表任指的疑问代词“怎么”，但不应当同时有“再”。“不管+疑问代词”与“再”不能同现。因此，该例可有两种改法：

［1］不管今天怎么忙，我也要把这个材料看完。

［2］今天再忙，我也要把这个材料看完。

第［1］种改法，“怎么”也可换成“多么”。

主要参考文献

陆俭明（1986）周遍性主语句及其他，《中国语文》第3期；又见陆俭明（1993）《现代汉语句法论》第73—84页，商务印书馆。

马希文（1985）跟副词“再”有关的几个句式，《中国语文》第2期。

杨淑璋（1985）副词“还”和“再”的区别，《语言教学与研究》第3期。

周　刚（1994）说“再”，《汉语学习》第3期。

第四章 也

4

"也"是副词，其基本意义是表示类同，即两个或两个以上的事物或情况在某个方面相同。除此以外，"也"还可表示委婉的语气。外国学生使用"也"时所出现的主要偏误，从结构上看，主要表现是"也"在句中的位置不对；从意义理解方面看，集中表现在"也"同"又"、"也"同"还"等的选用上。这两类以外，还有"也……也……"同"又……又……"用法上的区别问题。

:: 偏误分析 ::

第1类

（1）罗马大学也上汉语课的时间不多。

（2）他们不同意你的意见，也我的看法跟你不一样。

（3）今年也庄稼长得不错。

（4）这个规定也我能理解。

（5）我跟他们一样，也汉语水平不高。

（6）他们唱了一个歌，也我们唱了一个歌。（佟）

（7）我过去在大学学习时很少用汉语写文章，后来在北京工作了四年，也写文章的机会不多。

“也”字的位置总在主语后面、谓语前面。例（2）的“也”应放在主语“我的看法”后面。例（5）的“也”应放在“汉语水平”后面。例（6）的“也”应放在主语“我们”的后面。例（7）的“也”应放在主语“写文章的机会”后面。

其余各例可分析为主谓谓语句。在主谓谓语句中，“也”字要出现在小主语后面。比如，例（1）就应当改为“罗马大学上汉语课的时间也不多”；例（3）应当改为“今年庄稼也长得不错”（或“今年庄稼长得也不错”）；例（4）应改为“这个规定我也能理解”。

汉语里有这样一些双音节词：前一个音节都是表示人体器官或部位的名词，后一个音节都是单音节形容词，二者组成主谓结构的双音节词。当这类主谓结构的词做谓语的时候，在一般情况下“也”要放在这类词前边。特别是那些前后两部分结合紧密、不能在中间加入其他成分的主谓结构做谓语时，“也”只能放在前边。如表示忌妒意义的“眼红”，只能说“他眼红，你也眼红”，而不能说成“他眼红，你眼也红”。如果主谓结构的两部分结合比较松散，那么“也”既可以放在主谓结构前边，也可以插在主谓结构中间。如“心烦”，既可以说“你心烦，我也心烦”，也可以说“你心烦，我心也烦”。

当说“你心烦，我也心烦”时，“也”只是位于小主语“心”的前面，对整个主谓谓语句“我也心烦”来说，它仍处在大主语“我”的后面，并没有违反“也”必须在主语之后这个一般规则。但“你心烦，也我心烦”就一定不能成立。

或许是受“心烦”类现象的影响，“也”有两种位置的现象可以类推到一些完全没有词的资格的结构上。如：

（你脑袋疼，）我也脑袋疼 / 我脑袋也疼。

（你腿坏了，）他也腿坏了 / 他腿也坏了。

（你头发白了，）我也头发白了 / 我头发也白了。

（你牙疼，）我也牙疼 / 我牙也疼。

（你肚子饿了，）我也肚子饿了 / 我肚子也饿了。

“脑袋疼”“腿坏”“头发白”“牙疼”“肚子饿”这些主谓结构都不具备词的资格，可是用于主谓谓语句时，“也”都有两种位置。

第 2 类

（1）路上也除了他们俩以外，没有人走。

（2）一班的课也对我难了一点儿。

（3）有一天爷爷得了重病，村里没有大夫，而且药也当时是非常贵的东西。

（4）我跟哥哥一样，特别也喜欢音乐。（佟）

（5）他向老模范学习，热情地也送医送药上门。（佟）

（6）在联欢会上小朋友们唱完，我们高兴地也唱了一个。

动词谓语前可以有多项状语，多项状语之间有的是并列关系，有的是递加关系。上面各例的状语之间的关系都属于递加关系。“多项状语的顺序与充任状语的词语的类别没有直接的关系，而与状语所表示的语法意义及在句中的作用有关。”① 上面六个例子中除了有状语“也”以外，还都有其他状语，偏误就出在“也”和其他状语的顺序上。顺序不对只是结构形式上的表现，其实质是没有处理好“也”跟类同项之间的语义关系。自然，有的也与汉语一些状语的使用习惯有关系。

例 (1) 的“除了他们俩以外”不属于类同的范围，“也”应在其后，

① 刘月华（1983）状语的分类和多项状语的顺序，《语法研究和探索（一）》，北京大学出版社。

移至谓语“没有”之前。

例（2）中的“对我”不是类同项，不应放在“也”之后，“也”应放在谓语形容词“难”之前。

例（3）中的“当时”是一般的时间状语，这里没有强调“当时”属于类同项的意思，所以不应放在“也”之后。另外，由于汉语的时间状语在句中有较大的灵活性，在不属于被强调的类同项的前提下，“当时”不仅可以在“也”之前，也可以放在主语“药”之前。

例（4）既然前分句有“我跟哥哥一样”，那么，“特别喜欢音乐”中的“特别”也应当属于类同范围，因此“特别”应放在“也”之后。

例（5）的前分句是“他向老模范学习”，那么，“热情地”送医送药上门自然就包含在“向老模范学习”的内容之内，因此“热情地”属于类同项，应放在“也”之后。

例（6）因为前分句说了是“在联欢会上”，所以小朋友们也是“高兴地”唱歌的，因此“高兴地”应属于类同的范围，“也”应放在“高兴地”之前。

第 3 类

A 类：

（1）差不多九点钟，她听见一个人敲门，她不敢去开门。五分钟以后，她也听见一个人敲门，就更害怕了。

（2）狼敲门了，她没回答。过了一会儿，狼也敲门了，她还没回答。

这两例中的“也”都用错了，因为主体（她、狼）是同一个，动作行为（听见、敲门）也是同一个，这里是同一关系而不是类同关系。例（1）中的前后两个“听见”与时间有关，着眼点是同一主体的同一动作行为在不同时间里的重复、反复或相继发生而不是“听见”的类同。例（2）中的两个“敲门”也是如此。在这种情况下，不应当用“也”而应当用“又”。[①] 这里的着眼点很重要。比如，可以说“我上午有课，下午也有课”，因为这里的着眼点是在有不同伴随项（“上午”和“下午”）条件下的类同（同为“有课”）。

B 类：

（1）有一天，妈妈让孩子放学以后去理发，也给了孩子五毛钱。

（2）他们请我们在村子里过夜，也问我们有没有照相机。

（3）猎人走过来看见了那只肥肥胖胖的恶狼，也听见了它肚子里的人发出的声音。

（4）屋子里有米、有水、有盐、有辣子，也有干柴。

这些例子中带“也”的后续分句都表示追加或另外补充，即除了前分句中提到的内容以外，还补充、追加后续分句中的内容。这里不应当用“也”，而应当用“还 / 又、而且、并且”等。

C 类：

（1）汽车突然碰倒一个人，也碰得很厉害。

（2）她病了，也病得不轻。

（3）她把一束鲜花放在桌子上，也准备了丰盛的宴席。

（4）老人请求金鱼给他一座房子，他果然得到了一座非常漂亮的房子。可是老太婆也不满足，她想让金鱼给她一座宫殿。

例 (1) (2) (3) 中的每个后续分句都表示进一层、进一步的意思，不表示类同，不应当用“也”，而应改用“并且 / 而且、还”等。

例（4）中用“也”的句子所强调的是老太婆不满足的态度和

① 见吕叔湘主编《现代汉语八百词》第 1 版第 560 页对“又”的解释。

状态持续不变，应该把“也”改为表示此意义的“仍 / 仍然、仍旧、还 / 还是”等。

第 4 类

（1）他什么工作都做得也快也好。

（2）也严肃也认真的彼得说：“你应该搬到农村去住。”

这两例中都含有“也 + 形 $_1$+ 也 + 形 $_2$”的格式，汉语里此种格式很罕见。并列形容词做句子成分时，应该用“又 + 形 $_1$+ 又 + 形 $_2$”。

另外，同一个形容词的肯定和否定形式可以用在“也……也……”中。如：今天这事也好也不好。[①]

主要参考文献

鲁晓琨（1992）副词“也”的深层语义分析，《汉语学习》第 4 期。

刘月华（1983）状语的分类和多项状语的顺序，《语法研究和探索（一）》，北京大学出版社。

马　真（1982）说“也”，《中国语文》第 4 期；又见陆俭明、马真（1985）《现代汉语虚词散论》，北京大学出版社。

沈开木（1983）表示“异中有同”的“也”字独用的探索，《中国语文》第 1 期；又见《语法研究和探索（二）》，北京大学出版社，1984 年。

沈开木（1988）“表示强调”的“连”字所涉及的形式同内容的矛盾，《语法研究和探索（四）》，北京大学出版社。

① 这一点是经黄南松先生提示后加上去的。

第五章
和

5

“和”（hé）既是介词（如“他和这事没关系”），又是连词（如“笔和纸”）。这里只分析外国人在使用连词“和”时出现的偏误。

连词“和”表示“平等的联合关系”“连接类别或结构相近的并列成分”（《现代汉语八百词》第 1 版第 232 页）。这样的解释，外国学生理解起来一点儿也不困难，他们的问题主要是在句法结构上。

∷ 偏误分析 ∷

第 1 类

（1）我有一个女朋友，她聪明、美丽和温柔。

（2）我喜欢天上的太阳，因为它火热和明亮。

（3）他的发言清楚和流利。

（4）我们的校园很干净和很漂亮。

（5）我们的房间很高和很大。

汉语里用“和”连接的并列形容词不能做谓语，这些例子做谓语的都是用“和”连接的并列形容词，因此都不能成立。例（4）和例（5）在形容词前边还有程度副词“很”，同样不成立。

这类偏误是怎么造成的呢?

上边五个例子分别来自英国、德国、俄罗斯、日本和韩国的学生。他们母语虽然不同,但是在并列形容词可以做谓语这点上却是一致的。他们把母语的规则套用在汉语上,于是造成了同类的偏误。总之都是母语干扰的结果。

改正方法是首先去掉连词“和”;然后,或者直接把做谓语的形容词并列在一起(用顿号分开),或者用“又……又……”“又……又……又……”,或者用“既……又……”“不但……而且……”等格式。

有一点值得注意:“和”连接的并列形容词前边如果有共同的状语,则可以做谓语。例如:

他越来越聪明和能干。

这样一来,校园就更加安静和漂亮了。

和别人比,他尤其冷酷和狡猾。

她一向这样善良和温柔。

可见,“和”连接的并列形容词没有独立做谓语的资格。

第2类

(1)儿子对售货员说:“来两瓶酸奶,妈妈一瓶,和我一瓶。”

(2)天在下雨和道路是湿的。

(3)我头疼和牙疼。

(4)我朋友身体好和学习好。

(5)那位女老师爱说话和发音很标准。

(6)燕燕很敬佩阿姨,和长大了也要当阿姨。

连词“和”是不能连接分句的。例(1)(2)“和”连接的都是分句,都不成立。例（3）（4）都是主谓谓语句，谓语部分都是用“和”连接的并列主谓结构，同样不对。例（5）的谓语部分是用“和”连接的一个动词性词组和一个主谓结构，也不对。例（6）“和”连接的也是两个句子，也不能成立。“和”都应去掉。

另一方面，以上各例，除了例（1）以外，例（2）—（6）从语义内容上看，也可以理解成“和”的前后包含着一种递进关系。也就是说，“和”前后两部分在意义上是不平等的，要表达这样的意思，也不能用“和”连接，而应当用“不仅（不但）……而且……”。

第 3 类

（1）在旅游中，我观光和了解中国人的生活。

（2）这时，他默默地笑和开始吹笛子。

（3）宋大成扭头和吃惊地发现，说话的人就是王沪生。

（4）我在那件作品下面写上标题和写上了近几年出名的画家的名字。

（5）他找到钢笔和写了一张留言条。

（6）松脂一滴一滴地滴下来和成了一个松脂球。

（7）有一次，慧芬为这事向小伙子表示谢意和鼓起勇气问他：“你认识我吗？”

（8）老奶奶说：“你戴毛巾和穿蓑衣。”

在一般情况下，连词“和”是不能连接并列的动词谓语的。这些例子主语的后面都是由“和”连接的并列的动词谓语，因此都不对。改正方法：或者不用连词“和”，只用逗号分开；或者用“并 / 并且”等其他词语表示。

但是，如果由“和”连接的并列动词谓语前边有共同的状语，则是合法的。比如：我们必须努力学习和工作。该句“学习和工作”前边有共同的状语“必须努力”，所以该句成立。如果后边有共同的宾语或补语，也可以用“和”连接并列的动词谓语。前者如“他关心和尊重知识分子”，后者如“这支队伍成长和壮大起来了”。

通过对以上三类偏误的分析，可以得出以下结论：

[1]“和”只能连接词和词组，不能连接分句，更不能连接段落；

[2] 由“和”连接起来的并列谓词（包括动词和形容词）本身没有单独做谓语的资格，只有在具备了一些限制条件的前提下才可以做谓语，比如前边要有共同的状语，后边要有共同的宾语或补语。相反，这种由“和”连接起来的并列动词或并列形容词在句子中做主语或宾语倒是比较自由的。

试比较：

*他唱歌和跳舞。（做谓语）

他喜欢唱歌和跳舞。（做宾语）

唱歌和跳舞都很有意义。（做主语）

*她干净和整洁。（做谓语）

她爱干净和整洁。（做宾语）

干净和整洁都是应该的。（做主语）

主要参考文献

刘月华等（1983）《实用现代汉语语法》，外语教学与研究出版社。

吕叔湘主编（1980）《现代汉语八百词》第1版，商务印书馆。

王自强编著（1984）《现代汉语虚词用法小词典》，上海辞书出版社。

朱德熙（1982）《语法讲义》，商务印书馆。

第六章 都

6

副词“都”有好几个意义：有的大致相当于“甚至”，如“我都不知道你姓什么”；有的近似于“已经”，如“太阳都升起很高了，快起床吧”；还有一个意义是表示范围的，即一般语法书所讲的“总括全部”。我们搜集到的偏误用例全来自中高级水平的外国学生。值得注意的是，这些用错了的“都”全是表示范围的。

∷ 偏误分析 ∷

第 1 类

（1）笛子的声音虽然很小，可是各地方能听得到。

（2）她每次对我说的话是外交辞令。

（3）玲玲自从入幼儿园以来，几乎每个周末这样长时间等着爸爸接她回家。

（4）我家里所有的人很喜欢这条小狗。

（5）他对任何事情感兴趣。

（6）在过去，我走到哪里，常常看见有人一边走路一边吃东西。

（7）现在他们俩无论怎么样不说心里话。

指出这些例子中存在的偏误并找到改正的方法是非常简单容易的。这些例子都缺少副词“都”。各例加“都”的办法是：

（1）……各地方都能听得到。

（2）……都是外交辞令。

（3）……都这样长时间等着爸爸接她回家。

（4）……都很喜欢这条小狗。

（5）……都感兴趣。

（6）……都常常看见有人一边走路一边吃东西。

（7）……无论怎么样都不说心里话。

谓语部分为什么都要加上“都”？加上“都”表示什么语法意义？

这里有必要先分析一下谓语前边的部分：例（1）是“各地方”，例（2）是“每次对我说的话”，例（3）是“几乎每个周末”，例（4）是“所有的人”，例（5）是“对任何事情”，例（6）是表示任指（所谓“任指”，就是指任何一个指称对象，没有例外，这里是指任何一个地方）的疑问代词“哪里”，例（7）是“无论怎么样”。这类词语的存在说明“都”所指的前边的成分“在语义上有可分性”[①]。这些具有可分性的成分在意义上是加而不合的并列关系。吕叔湘先生曾说：“并列关系包括加合和交替两类……加合关系里边又可以分成加而不合和加而且合两种情况……例如：(a）老张和老李是山东人（加而不合，等于‘老张是山东人，老李是山东人’）；(b）老张和老李是同乡（加而且合，不能说‘老张是同乡，老李是同乡’，必得‘老张和老李’才是‘同乡’）。前一种情况可以用副词‘都’，即‘老张和老李都是山东人’；后一种情况不能用‘都’，不能说‘老张和老

① 谭敬训（1991）“都”字前后相关成分的语义特性，《世界汉语教学》第2期。

李都是同乡’。”①

“都”就是指它前边具有加而不合的并列关系的词语的。现在的问题是:“都”是总括全部呢，还是指其中的每一个?许多权威性的语法论著都说“都”是“表示总括”(《现代汉语词典》第261页)、“表示总括全部”(《现代汉语八百词》第1版第153页)。王还先生对“都”是不是指事物的全体的问题明确回答:“不是，而是指事物的每一个。”而且还说:“这也就是为什么我们用‘每’的时候，后面多有‘都’来配合。”②

我们认为王还先生的观点是成立的。前边有表示加而不合的并列关系的词语，后边的谓语指向其中的每一个，所以谓语前边要有“都”。外国学生不了解这一点，才出现了前引各例的偏误。

下面分析的第2类偏误可以从反面进一步证明上述结论的正确性。

第2类

(1)我们家都有四口人。

(2)人民大学校园里的樱花树一共都是三十九棵。

这两例中的副词“都”是完全不能要的，去掉“都”则非常自然。为什么?

在“语法偏误分析”课上，笔者让学生回答为什么这两例中有

① 吕叔湘(1978)漫谈语法研究，《中国语文》第1期;又见吕叔湘(1992)《吕叔湘文集》第4卷第140—151页，商务印书馆。

② 王还(1988)再谈谈“都”，《语言教学与研究》第2期;又见王还(1983)“ALL”与“都”，《语言教学与研究》第4期，载《门外偶得集》，北京语言学院出版社。

“都”。他们的回答很明确：用“都”表示总括全部，词典和语法书上都是这么说的，老师们也都是这么教的。既然词典、语法书和老师都说“都”表示总括全部，那就应该能用它来总括“我们家”的总人口和“人民大学校园里的樱花树”的总数量。

这是典型的教学误导。

如果例（1）中的“我们”分属几个家庭，各个家庭都是四口之家，那就应当说成“我们每家都是四口人”，“都”显然指每一个家庭。

如果例（2）中的“人民大学校园里”有很多种各为三十九棵的树，比如有三十九棵松树、三十九棵桃树、三十九棵樱花树等，那就可以说“人民大学校园里的每种树都是三十九棵”，“都”仍是指每种树。

原误例改正方法很简单：把“都”换成“总共”或“一共”。

第3类

（1）凡是好的小说，都我喜欢读得很慢。

（2）她向王子提出的各种各样的要求，都王子拒绝答应。

（3）她们都当时是二十岁左右的青年。

（4）在韩国时，教我汉语的老师都以前在中国学过汉语。

（5）无论发生什么样的情况，你应当都采取毅然决然的态度。

这些例子中“都”的位置全不对。例（1）（2）中的“都”应该放在主语“我”“王子”的后面。例（3）（4）中的“当时”“以前”是时间状语，应该放在“都”的前面。其中，例（3）的“当时”还可放在主语“她们”的前边。例（5）中的“应当”要放在“都”之后，因为“应当”也属于“都”的语义所指范围。

主要参考文献

吕叔湘（1978）漫谈语法研究，《中国语文》第 1 期；又见吕叔湘（1992）《吕叔湘文集》第 4 卷第 140—151 页，商务印书馆。

谭敬训（1991）“都”字前后相关成分的语义特性，《世界汉语教学》第 2 期。

王　还（1988）再谈谈“都”，《语言教学与研究》第 2 期。

王　还（1983）“ALL”与“都”，《语言教学与研究》第 4 期；又见王还（1987）《门外偶得集》第 128—133 页，北京语言学院出版社。

第七章 凡是

“凡是”是表示范围的副词。《现代汉语词典》对“凡是”的解释是：“总括某个范围内的一切”（第5版第375页）。这样的解释完全正确，而且对汉族人来说也完全够用了。外国人理解“凡是”的意义并不困难，他们的问题都出在用法上。

∷ 偏误分析 ∷

第1类

（1）住在留学生楼八层的人凡是不接他的电话。

（2）问题凡是出在这个地方。

（3）我家附近的各类交通凡是不方便。

例(1)中“不接他的电话”的是指住在留学生楼八层的所有的人。例(2)是说所有的问题全都“出在这个地方”。例(3)中“不方便”的是“我家附近的各类交通”。可见学生对“凡是”意义的理解是正确的。

但是，当“凡是”进入句子的时候，有一个重要的句法特点：它不能在句子中做状语，“凡是”所总括的成分在句子中只能做句子的主语。“凡是”和它所总括的主语之间可以有各种修饰成分，“凡是”和这些修饰成分一起做主语的定语。如：

凡是选修“语法偏误分析”课的学生都是我的朋友。

当然，也可以用“的”字结构来代替主语。如：

凡是选修“语法偏误分析”课的都是我的朋友。

不难看出，上引三例都是把同样表示总括范围的副词“都”的用法套在了“凡是”上，因而造成了偏误。这种偏误是发生在汉语内部的一种负迁移，是汉语的一个语法成分（“都”）在结构上对另一个语法成分（“凡是”）的负迁移。

改正方法是把“凡是”改成“都”。

第 2 类

（1）凡是住在人民大学的老师喜欢散步。

（2）凡是老年人喜欢聊天儿。

（3）凡是中国菜我爱吃。

“凡是”在句子中要求后边有副词“都”与它同现。这三个例子都缺少了同现成分，因而不对。

改正方法：

[1] 加上同现成分“都”。例（1）（2）“都”要加在“喜欢散步”和“喜欢聊天儿”的前边；例（3）因为是主谓谓语句，“都”应当加在小句主语“我”的后边。

[2] 用“没有……不……的”形式。这样，例（1）（2）分别改成“凡是住在人民大学的老师没有不喜欢散步的”“凡是老年人没有不喜欢聊天儿的”。例（3）因为是主谓谓语句，可以有两种改法：

凡是中国菜没有我不爱吃的。

凡是中国菜我没有不爱吃的。

第 3 类

（1）凡是我们都有不同的经历。

（2）下星期五去华奥商厦进行语言实习，凡是我们都要参加。

“凡是”所总括的成分可以是指人的名词，如“留学生”“司机”“服务员”“朋友”等，但是不能是人称代词“我们”“你们”“他们”。这两例“凡是”总括的是人称代词，故不对。

改正方法：

或者是把“我们”改成指人的名词；或者是在“我们”后边加上相应的同位成分。比如，例(1)可改为“凡是我们老年人……”，例(2)可改为“凡是我们留学生……”。

第 4 类

（1）我读完了凡是老师借给我的小说。

（2）我满足了凡是你的要求。

（3）我代表凡是今年毕业的外国留学生向各位老师表示感谢。

例（1）（2）（3）中“凡是”所总括的成分在句子中都是前边动词谓语的宾语，不是主语，因此不能成立。

改正方法：

例（1）凡是老师借给我的小说我都读完了。

我读完了老师借给我的全部（所有）小说。

例（2）凡是你的要求我都满足了。

我满足了你所有（全部）的要求。

例（3）只能把“凡是”改成“全体”或“所有”。

主要参考文献

北京大学中文系 1955、1957 级语言班编（1982）《现代汉语虚词例释》，商务印书馆。

何适达、郭明玖（1979）也谈连接单句成分的关联词语，《中国语文》第 6 期。

宋秀令（1979）谈几对关联词语的功用，《中国语文》第 1 期。

王自强（1982）《现代汉语常用词例释》（上册），北京语言学院出版社。

王自强编（1984）《现代汉语虚词用法小词典》，上海辞书出版社。

中国社会科学院语言研究所词典编辑室编（2005）《现代汉语词典》第 5 版，商务印书馆。

第八章 却

8

“却”是表示转折语气的副词。《现代汉语词典》(第5版)对“却”的解释为“表示转折，比‘倒、可’的语气略轻”(第1135页)。这里所说的“转折”，宜作宽泛的理解。它可以表示相反、对立、不一致或有差别，也可以表示出乎预料或与寻常事理不同，有时还起强调的作用。总之，在一般情况下，“却”表示的转折语气和程度要比“但是”“可是”轻一些。

外国学生从一般意义上理解“转折”并不困难，他们之所以出现偏误，一方面是因为他们对“却”所表示的转折同“但是、可是、反而”等所表示的转折在程度、语气及使用条件上没能加以区分；另一方面是没有掌握好“却”在结构上的使用规则。

另一点值得注意的是，我们从中等以上汉语水平的学生那儿发现的关于“却”的偏误用例都是用于复句的。这或许就是把“却”跟其他在复句中起关联作用的、意义和用法与“却”相近的关联词语相混淆的结果。

∷ 偏误分析 ∷

第1类

(1)这不是我的问题，却是你的问题。

（2）我们这次到中国来，目的不是浏览名胜古迹，却是向中国各界人士学习。

（3）记者们看到她无家可归，就都想帮助她。却如果把她一个人留在这里的话，也许会有许多麻烦的问题。

（4）春天已经到了，天气不暖和却有点儿冷。

例（1）和例（2）的前分句中都有“不是”，是对“我的问题”和“游览名胜古迹”加以否定，后分句都是正面提出与前分句不同的肯定性判断，因此应该用表示取舍关系的固定格式“不是……，而是……”。

例（3）的后分句是对前分句内容的修正、限制、补充或追加，可以用“但是、可是、然而、而”等代替“却”。

例（4）根据“春天到了”这个前提条件，应该产生天气暖和的自然结果。可是事实上这个结果没有出现，出现的是其相反的方面，即“不暖和”。不仅仅是“不暖和”，而且还在“不暖和”的基础上又进了一层，出现的是“有点儿冷”。根据这样的语义条件和事理关系，在“不暖和”的前边应当加上“不但”或“不仅”，再把“却”改成副词“反而”。这样，全句就改成：春天到了，天气不但 / 不仅不暖和，反而有点儿冷。

第 2 类

（1）那时虽然我生气了，却我不出来。

（2）我妈妈是个有耐性的人，却我爸爸一点儿耐性也没有。

（3）我认为这个电影很有意思，却我的朋友认为它没有意思。

（4）我认为你的性格很好，却他们认为你很难跟别人处好关系。

（5）昨天我过生日，我专门邀请的安娜丽莎有事没能来，却我没邀请的来了一屋子。

应当承认，这些例子中用的“却”在语义上都是对的，问题出在结构上。用“却”在结构上对句子有一个要求：主语必须出现在“却”的前边。例（1）—（5）在这一点上都违背了这条规则，因此而造成偏误。

改正方法：

[1] 把“却”移到主语之后；

[2] 直接把“却”换成“但是、可是、然而、而”中的任何一个，因为这几个词在有主语的句子里一定要出现在主语之前。这样改时，主语后边还可以用“却”。

主要参考文献

北京大学 1955、1957 级语言班编（1982）《现代汉语虚词例释》，商务印书馆。

宋玉柱（1990）再谈关联词语在单句成分间的连接作用——从“却”字连接主、谓谈起，《汉语学习》第 3 期。

第九章 反而

9

“反而”是副词，它的意义比较复杂。简单说来，它表示某一现象或情况没有产生按常理（或按预料）应有的结果，而是产生了相反的结果。“反而”的作用就是引出这个相反的结果。为了进一步说明这个意思，同时也为了分析下文的各类偏误，有必要先分析一下正面的例子。

先看典型的例子：

^{A}**小王给女朋友买了一件黑毛衣，**^{B}**以为女朋友一定会很高兴。**^{C}**可是女朋友不但不高兴，**^{D}**反而把他批评了一顿。**

这里的A、B、C、D四段表示四层意思，用“反而”的一段出现在最后。D段之所以用“反而”，与A、B、C、D各段表示的语义背景有关系。分析上例不难看出：

A—B：因果关系；

C—D：递进关系；

AB—CD：转折关系。

在实际的言语交际中，A段是语义、逻辑和事实的前提，一定要出现（A可以是名词或名词性短语，也可以是谓词性短语、介词短语或其他形式）；B可以不出现；“可是/但是……不但/不仅+不/没+C”可部分省略，也可全部省略；“反而D”当然不能省略。这样，就有下面的格式：

A + B +（可是 / 但是……不但 / 不仅 + 不 / 没）+ C + 反而D

因　果　|　　　递　　　|　进

|　转　|　　　　折　　　　|

还可以进一步分析：

A—B：由原因A产生结果B，按常识、常情或一般的事理逻辑，是自然的或预料之中的。B之所以能省略，原因也就在此。

C—D：C一般有转折连词“可是、但是”或者“没想到、哪知道、谁想到”等词语，后接“不但”或“不仅”，再接否定词“不”或“没（没有）”。这一部分是说应该发生的结果B没有发生。“反而D”的作用是在C段的基础上又向前推进一步，达到D。

B—C：当C中没有“不但/不仅”时，B和C只是一般的转折关系，没有递进关系。

例如：

A他吃了药，B按说病会好，C可是（实际上）没好。

A冬天到了，B应该冷了，C但是却一点儿也不冷。

这些例子中的B和C只是转折或反义关系。

但是，如果C中有“不但/不仅”，那么C和D就一定是递进关系。“反而”的作用就是连接表示递进意义的D。例如：

A他吃了药，B按说病会好，C可是（实际上）不仅没好，D反而更重了。

A冬天到了，B应该冷了，C但是（这几天）不仅一点儿也不冷，D反而更暖和了。

交际中B和C有时不仅可以省略，甚至有时还可以采用单句形式。例如：

他吃了减肥药反而更胖了。

假期反而更忙了。

他参加了考试辅导班反而没考及格。

下面分析的偏误例子来自日本、韩国、意大利、德国、俄罗斯、美国、英国、泰国、瑞典、捷克等十国的留学生。所有这些偏误的产生原因都是不了解“反而”使用的语义背景。

∷ 偏误分析 ∷

第 1 类

（1）北京春天来了，天气不但暖和了，反而越来越刮风。

（2）我的病不但治好，反而越来越重了。

（3）我的汉语水平不但提高，反而越来越差。

（4）她不但帮助妈妈做家务，反而坐在床上看电视。

（5）韩愈不但处罚贾岛，反而对贾岛的诗很感兴趣。

（6）小吃摊上的东西不但好吃，反而因为不卫生，吃了容易生病。

这类例子有以下共同点：

[1] 都是复句，前分句有“不但”，后分句有“反而”；

[2] 前分句“不但”后面出现的都是肯定形式；

[3]“不但”后面的内容与后分句的内容是直接的转折或反义关系，因而也就不存在递进关系。如例（1）中的“暖和了”与后分句中的“越来越刮风”；例（2）的“治好”与后分句中的“越来越重”；例（3）中的“提高”与后分句中的“越来越差”；例（4）中的“帮助妈妈做家务”与后分句中的“坐在床上看电视”；例（5）中的“处罚贾岛”与后分句中的“对贾岛的诗很感兴趣”；例（6）中的“好吃”与后分句中的“因为不卫生，吃了容易生病”。这里的前后语义内容是相反或矛盾的，二者之间根本不存在递进关系，因而不具备用“反而”的语义条件。

改正方法：

例（1）—（5）前分句“不但”后边的部分改为否定形式。其中，

例 (1) 改为“天气不但不 / 没暖和”以后一定要去掉“了”。例 (2) (3) 只能改成“不但没治好”“不但没提高”。例 (4) 可改为“不但不 / 没帮助妈妈做家务”。例 (5) 可改为“不但不 / 没处罚贾岛”。这样改，可保留后边的“反而”。

例 (6) 与前五例有些不同：原例前分句中的“好吃”看来是先承认这个事实，后分句表示转折，因此“不但”应改为“虽然 / 尽管”，后分句中的“反而”应改为“但是”或“可是”。如果要用“反而”，则应改为：但是 / 可是因为不卫生，吃了不但不利于健康，反而容易生病。

第 2 类

(1)(昨天我去香山，) 天气依然不好，反而开始下雨。

(2) 他不听妈妈的话，反而常常做大家都不喜欢的事。

(3) 他不喜欢看书学习，反而经常做坏事。

(4) 他生活不稳定，反而越来越苦。

(5) 他每天不按时吃早饭，反而最近不吃早饭。

(6) 他对朋友不亲切，反而喜欢打朋友。

(7) 我现在没有钱，反而没有吃的东西。

此类例子有以下特点：

[1] 都是复句，前分句中没有“不但”等，后分句有“反而”；

[2] 前分句是否定形式；

[3] 在这些例子中，前后分句在意义上只是递进关系而没有转折关系。在这种语义条件下，后分句不应当用“反而”，而应当用“而且”，或者前分句用“不但 / 不仅”，后分句用“而且 / 还”。

第 3 类

（1）我买来的不是苹果，反而是李子。

（2）他不是北京人，反而是上海人。

（3）看他的名字，大家以为他是俄罗斯人。但是他不是俄罗斯人，反而是法国人。

（4）我赞成你的意见，反而他不赞成。

（5）我本来想去美国留学，反而我父亲不允许我去。

（6）下雪的时候我喜欢到外边玩儿玩儿，反而我的朋友最喜欢在家。

（7）他竟一个人先去上海玩儿了，反而把我们扔下不管。

（8）他认为别人都是没有本事的人，反而认为自己是了不起的人。

（9）我有两个孩子，一个长得很漂亮，反而另一个长得没那么漂亮。

（10）她说："我们还是分手吧，因为咱们俩是不同类型的人，你是现实主义者，反而我是超现实主义者。"

（11）每天我们不打排球，反而打乒乓球。

这些例子的共同特点有：

[1] 都是复句，前分句有的是肯定式，有的是否定式，后分句有"反而"。用"反而"的小句有的没有主语，有的有主语，但在"反而"之后。

[2] 前后分句所表述的仅仅是一般的不同，或者说就是不同对象的对举：

(1) 苹果——李子

(2) 北京人——上海人

（3）俄罗斯人——法国人

（4）我赞成——他不赞成

（5）我想去美国留学——父亲不允许

（6）我喜欢到外边玩儿玩儿——我的朋友最喜欢在家

（7）他一个人先去上海玩儿了——把我们扔下不管

（8）别人都是没有本事的人——自己是了不起的人

（9）很漂亮——没那么漂亮

（10）现实主义者——超现实主义者

（11）打排球——打乒乓球

前后分句对举的两项之间只存在差别或不同，二者之间根本不存在递进的关系，更不存在“某一现象或情况没有导致按理应导致的结果，而导致相反的结果”的意思。如例（1）中的“苹果”和“李子”，只是对举的两种不同的水果，二者之间不可能存在什么递进关系。其余类推。

根据以上分析，各例中的“反而”都应当改成“而”。

第4类

（1）日本同学说日语容易学，我反而觉得很难学。

（2）我们都认为他会夺得跳高冠军，他反而得了第四名。

（3）我们都喜欢看电影，他反而不喜欢看电影。

（4）大家都看电影去了，他反而在宿舍看书。

（5）大家都努力学习，他反而不努力学习。

这些例子都是转折复句。这里后分句只是提供了与前分句不同或相反的情况，是一般的转折关系，不存在递进的问题。这些复句里没有提供运用“反而”的语义前提，因此不应当用“反而”。这一类与第3类不同之处在于“反而”前边都出现了主语。正因为如此，所以“反而”可直接改成“却”，也可以去掉“反而”，在主语之前加上“但是/可是”或“而”。

主要参考文献

马　真（1983）说“反而”，《中国语文》第3期；又见陆俭明、马真（1985）《现代汉语虚词散论》，北京大学出版社。

马　真（1994）关于“反而”的语法意义，《世界汉语教学》第1期。

王　还（1994）对外汉语教学：汉语内部规律的试金石——以“反而”为例，《世界汉语教学》第1期。

第十章 真 10

“真”既是形容词，又是副词。“真功夫、真面目、真人真事、真心真意、真刀真枪、是真的就不是假的”里面的“真”是形容词。外国人最容易出问题的是副词“真”。

副词“真”表示实在、的确、确实，用来加强肯定的语气，如“真不错/真干净/真好/真叫人讨厌/真能解决问题/真是好样儿的”。

外国人错得最多的是“真+形容词”结构。

∷ 偏误分析 ∷

（1）奶奶对她说了好几次：“真漂亮的姑娘！”

（2）你猜我今天买了什么？真便宜的牛尾巴。这是韩国人最爱吃的。

（3）真有意义的聚会使我们永远忘不了。

（4）昨天晚上我们参加了真热闹的联欢会。

（5）几年以后，她变成了真漂亮的姑娘。

（6）一般的大公司都录用真有才能的人。

（7）爸爸说：“你是真聪明的人。”

（8）西湖是真美丽的湖。

（9）这个小姑娘是真有意思的孩子。

（10）你儿子是真帅的小伙子。

（11）南开大学是一所真好的学校。

这些例子中都有“真+形容词”做定语的结构。汉语里不存在这种结构。副词“真”加上形容词在句子中的主要功能是做谓语，其次是补语。前者如：

这个小伙子真聪明／玛丽买的衣服真好看／学好汉语语音真不容易。

后者如：

你唱得真好听／衣服洗得真干净。

“真+形容词”不能做定语。上引各例中，例（1）（2）是“真+形容词”分别修饰中心语“姑娘”“牛尾巴”。

例（3）是“真+形容词”做主语。

例（4）—（11）都是“真+形容词”做宾语。

“真+形容词”不能做定语，这一点是无条件的，不论这类定中结构处于何种句法位置上。

宋玉柱先生曾写过一篇《对外汉语语法教学札记》，里面分析了“南开大学是一所真好的学校”这类不正确的用法，指出“真+形容词”结构能做谓语，却不能做定语。①

在“语法偏误分析”课上，笔者询问学生出现上述偏误的原因，许多学生回答得很明确：因为“真”相当于“很”。这的确是上述偏误产生的根源之所在。“很”和“真”都可以表示程度高，但是，第一，

① 宋玉柱（1993）对外汉语语法教学札记，《汉语学习》第4期。

"很＋形容词"可以做定语，而"真＋形容词"没有这种功能；第二，"真"还表示说话人的感情，在褒义词前表示赞许，在贬义词前则表示厌恶。[1]当我们说"这个人真好""今天真冷""这姑娘真漂亮""他回答得真不错""这人真讨厌"的时候，除了对"真"后的形容词予以肯定和加强以外，还带有很强的感情色彩。这一点外国人一般是感觉不到的，因为这在很大程度上是个语感问题，要通过大量的、长期的汉语实践才能逐渐建立起来。

宋玉柱先生在上边提到的文章中还说，在"真＋形容词"这个格式中，能进入"真"的位置的还有副词"的确""实在""诚然""果然""当然""确实"。指出这一点对外国人学习汉语是很有帮助的。

① 北京大学中文系1955、1957级语言班编（1982）《现代汉语虚词例释》第543页，商务印书馆。

第十一章 或者、还是 11

"或者"是提出两个（或两个以上的）可能性或对象供选择，意在指明所选定的必居其一，不能用于疑问句。

"还是"是指出两个（或两个以上的）可能性或对象，意在询问选择其中的哪一项，只用于疑问句。

:: 偏误分析 ::

1. 或者

（1）有一次她问我："你喜欢天上的太阳或者水中的月亮？"

（2）你喝茶或者喝可乐？

（3）她问："东京付钱或者北京付钱？"

2. 还是

（1）每天早晨，韩国人都喝咖啡还是喝人参茶。

（2）那是一面破镜子，人站在前边一照，就变成了猪八戒还是妖魔鬼怪。

（3）我认为前边有"连"字，后边应该有"都"还是"也"。

（4）这两个词都表示动作、事物的来源还是出发点。

“或者”和“还是”都是表示选择关系的连词，这是两者的共同点。但是，“或者”和“还是”有重要区别：

[1]“或者”是提出两个（或两个以上的）可能性或对象供选择，意在指明所选定的必居其一，不能用于疑问句；

[2]“还是”是指出两个（或两个以上的）可能性或对象，意在询问选择其中的哪一项，只用于疑问句。

根据“或者”和“还是”的区别不难判断，第1类各例都应当把“或者”改成“还是”，第2类各例都应当把“还是”改成“或者”。

应当指出，用“还是”的句子有时不表示疑问，但必须具备以下两个条件中的一个：

[1] 前边有动词谓语，用“还是”连接的成分做前边动词谓语的宾语。如：

我不知道开这个玩笑的结果是坏还是恰到好处。

这里，“开这个玩笑的结果是坏还是恰到好处”整个儿地做前边动词“知道”的宾语。在这种情况下，含有“还是”的宾语部分并不表示疑问，说话时句尾是降调。

[2] 含有“还是”的小句做前分句，后边有总括性、评判性的后续分句。比如：

开这个玩笑的结果是坏还是恰到好处，我不知道。

在这种条件下，前分句可以有两种情况：一种情况是表示疑问，句尾用升调；另一种情况是不表示疑问，句尾用降调。

不难看出，外国人之所以出现偏误，是因为他们只注意到了“或者”和“还是”在表示选择关系这方面的共同点，而没有理解这两个连词的意义和用法上的差别。

第十二章 不管（不论、无论）12

“不管”“不论”“无论”（主要以“不管”为代表）是连词，表示在任何条件下结果或结论都不会改变。根据我们对许多不同国家学生汉语语料的调查和统计，他们的偏误大致可分为两类：第一类是意义方面的，其表现是对“不管”所表示的语法意义理解有偏差，结果用“不管”表示了本该用其他连词表示的语法意义；第二类是结构形式方面的，即虽然他们理解并掌握了“不管”的意义，但在使用时，在句子的结构形式上出了问题。

:: 偏误分析 ::

第 1 类

（1）不管我们之间不能说话，但是在很长的一段时间里我们却心心相通。

（2）不管这些作品的艺术性太差，评委们一看是有名画家签的名，就都一致拍手叫好。

这些例子都是复句。把用“不管”的前分句跟后分句比较一下，不难发现，前分句表示的都是一种让步意义，即承认某事或某状态的存在，后分句表示的都是转折意义。要表示这样的意义关系，应该用“虽然”或“尽管”，而不应该用“不管”。因为“不管”表示“在任何条件下结果或结论都不会改变”（《现代汉语八百词》第1版第79页）。

第2类

（1）不管父母不同意，她都要和他结婚。

（2）不论我唱得不好听，反正我不紧张了。

（3）无论急性病都得挂号。

（4）不管明天天气不好，我都要去长城。

“不管”对后边的成分有结构形式上的要求：或者是在“不管”的后边出现表示任指的疑问代词；或者是在“不管”后边出现有选择关系的并列成分。按第一个条件要求，这四个例子中“不管”或“不论”的后边都没有疑问代词；按第二个条件要求，“不管”或“不论”的后边出现的都是单项，即没有可供选择的并列成分。因此这四个例子都不能成立。

改正方法自然是要“对症下药”。上边四例可依次改为：

（1）不管父母态度怎么样，她都要和他结婚。

或：不管父母怎么不同意，她都要和他结婚。

或：不管父母抱什么样的态度，她都要和他结婚。

或：不管父母是什么态度，她都要和他结婚。

或：不管父母同不同意，她都要和他结婚。

或：不管父母是否同意，她都要和他结婚。

或：不管父母同意还是不同意，她都要和他结婚。

（2）不论我唱得怎么样，反正我不紧张了。

或：不论我唱得怎么不好听，反正我不紧张了。

或：不论我唱得是否好听，反正我不紧张了。

或：不论我唱得好听还是不好听，反正我不紧张了。

（3）不论什么病，都得挂号。

或：不论什么样的病，都得挂号。

或：不论急性病、慢性病，都得挂号。

或：不论急性病还是慢性病，都得挂号。

（4）不管明天天气怎么样，我都要去长城。

或：不管明天什么样的天气，我都要去长城。

或：不管明天天气好不好，我都要去长城。

或：不管明天天气好还是不好，我都要去长城。

或：不管明天天气是否好，我都要去长城。

第十三章 一点儿 13

“一点儿”为不定量词，表示数量少，也可以引申后表示程度低。“一点儿”比“些”“一些”所表示的数量和程度还要少，还要低，与另一不定量词“少许”、副词“稍”“稍稍”“稍微”所表示的数量和程度大致相当。

学习汉语的外国人，尤其是在他们达到中等以上汉语水平时，理解并掌握“一点儿”的意义并不困难，他们的困惑绝大多数表现在用法上，再进一步说，主要是表现在句法结构形式上。这方面的偏误不仅出现频率高，而且对母语不同的许多国家的学生具有广泛的一致性。

∷ 偏误分析 ∷

第 1 类

A 类：

（1）这篇文章一点儿别扭。

（2）昨天晚上我睡得太晚，所以我现在一点儿困。

（3）因为没吃早饭，所以我现在一点儿饿。

（4）我一点儿不好意思。

（5）春天到了，但天气却一点儿冷。

这些包含“一点儿”的句子都是形容词谓语句，“一点儿”修饰谓语形容词。学生用“一点儿”表示后边形容词“别扭”“困”“饿”“不好意思”和“冷”的程度不高，这说明他们理解了“一点儿”的意义，但是这种用法完全不符合汉语的语法规则，因为“一点儿”根本不能放在谓语形容词前边起修饰作用。

要表示谓语形容词量少或程度低，汉语里要用副词“有（一）点儿”。上引各例都应当这样改。

有一点值得注意：分析上引各例不难发现，做谓语的形容词都是表示不如意或不希望发生的事物的。如果要表示相反的意思，比如：

（6）最近几天冷得要死，但是今天一点儿暖和了。

（7）舒仁托娅的病这几天一点儿好了。

（8）她穿了这件衣服就一点儿漂亮了。

这里的“暖和”“好”和“漂亮”都是说话人所希望的。表示这样的意思，就不能像改正例（1）—（5）那样在形容词前边加上“有（一）点儿”，而应当在形容词后边加上“（一）点儿了”，或在形容词后边加上“了”以后再加上“（一）点儿”。[1]

B类：

（1）我的同屋这几天一点儿不舒服。

（2）他今天一点儿不高兴，不知为什么。

（3）最近他学习一点儿不积极。

（4）她对我一点儿不热情。

这些例子中“一点儿”后边都带有形容词的否定形式。这种用

① 熊毅（1993）“一点儿”这个词怎么用，载王还主编（1993）《汉英对比论文集》第154—156页，北京语言学院出版社。

法能否成立，要看学生表达的是什么意思。这里有两种可能性：

如果学生用“一点儿”表示“不＋形容词”的程度低或浅，也就是把“一点儿＋不＋形容词”当作“一点儿＋形容词”的否定形式，那么，这种否定形式在汉语里同样不能成立。要表达这种否定意义，仍然要用“有（一）点儿”。如例（1）就应当改成“我的同屋这几天有一点儿不舒服”，其余类推。

但是，汉语口语中存在着“一点儿＋不＋形容词”这种格式。这种格式实际上是在“不”的后边省去了副词“也”或者“都”。这种格式所表示的意思不是程度低或浅，相反，是表示“不＋形容词”的程度高或深，是对形容词否定意义的加强，也就是对形容词本身的彻底否定。当表示这个意义时，特别是在口语中，例（1）—（4）可以成立，这样说时，“一点儿”是句重音所在。

第 2 类

（1）我的汉语水平一点儿提高了。

（2）我一点儿懂了。

（3）我能一点儿了解这件事情。

（4）我一点儿喝水，然后认真考虑明天的计划。

这些例子中“一点儿”的后边直接带上了动词。

汉语动词谓语的前边不能直接加上“一点儿”做状语（这里强调“不能直接”，是因为“一点儿”和动词的中间可以出现否定词，构成“一点儿[也/都]＋不/没[有]＋动词”的格式。不过，这种格式表示程度高，而不是表示程度低）。要表示与动词有关的程度低或数量少，应当把“一点儿”放在动词后边。

上引例（1）—（4）中的“一点儿”都应当移到动词后边。

第 3 类

（1）最近下雨一点儿。

（2）他昨天看书一点儿，然后马上睡觉了。

（3）爸爸每天晚上喝白酒一点儿，然后喝威士忌一点儿。

（4）我会说英语一点儿。

“下雨”“看书”“喝白酒（威士忌）”“说英语”都是动宾格的结构，后边的“一点儿”是表示宾语的数量少。表示这样的意义，汉语里有两种方法：一种是把“一点儿”移到宾语前边做定语；一种是重复动宾结构中的动词。如例（1），或者说成“最近下了一点儿雨”，或者说成“最近下雨下了一点儿”。例（2）（3）同此。例（4）因为有能愿动词“会”，如果重复动词，应当把“会”放在重复的动词前边，说成“我说英语会说一点儿”。

动宾结构又带数量词语，在记账、登记式的语体中，数量词语可以放在动宾结构后边，如：

A：你爸昨天晚上喝了多少酒？

B：喝白酒一杯，喝啤酒两杯，喝葡萄酒一点儿。

第 4 类

（1）昨天去双安商场，我一点儿也没买东西。

（2）我爱人从来一点儿都不喝酒。

（3）这一个星期，他一点儿也没吃水果。

（4）那时，他是个流浪少年，一点儿也没有钱。

例（1）—（3）中“一点儿 + 也 / 都 + 不 / 没”后边的动词都带了宾语。这种格式后边的动词能不能带宾语，情况比较复杂。我们现在大致能说清楚的有以下几点：

[1] 一些表示人的态度、感情、感觉的动词在“一点儿 + 也 / 都 + 不 / 没”后边出现时，可以带宾语，例如：

同意　赞成　拥护　支持　尊重

尊敬　佩服　钦佩　欣赏　喜欢

热爱　同情　爱护　爱惜　惋惜

关心　心疼　讨厌　反对　憎恨

忌妒　厌恶　恨　烦　爱　怕　想

如可以说：

他一点儿都不尊重我。

我一点儿也没有同情他。

她一点儿都不爱我。

[2] 一些结合较紧密的动宾格，因为宾语部分总是固定地跟动词部分结合在一起，所以这类动宾格结构自然就可以出现在“一点儿 + 也 / 都 + 不 / 没”的后边，例如：

认输　服输　讲理　解渴　过瘾

放手　放心　要脸　害臊　吃惊

费力　费劲　吃力　掺假　使坏

帮忙　知趣　爱面子　讲情面

如可以说：

他直到现在仍然一点儿也不认输。

这种饮料一点儿都不解渴。

这类动宾格有两种类型。一类是宾语可以移到“一点儿”的后面的，如：

一点儿也不讲理→一点儿理也不讲

一点儿也不帮忙→一点儿忙也不帮

这里的左右二式都是等价的。

另一类是宾语不能移到“一点儿”后面的，如上面举过的“认输、服输、放手、放心、害臊、吃惊、知趣”。

上述引例（1）—（3）中的“买东西”“喝酒”“吃水果”都是一般的行为动词带一般可数名词宾语，“一点儿”在语义上直接指向宾语。在这种情况下，习惯上是把宾语放在“一点儿”的后边。如例（1）就可以说成“我一点儿东西也没买”。例（2）（3）同此。

例 (4) 比较特殊，因为“一点儿也没有”后边没有再带别的动词，“没有”本身就是动词。在这种格式中,“没有”是可以带宾语的。如：

我一点儿都没有这个想法。

他真平易近人，一点儿没有官架子。①

我对办好这件事一点儿都没有信心。

他一点儿也没有男子汉的气质。

他一点儿都没有进取心。

这些句子中“没有”的宾语都是抽象名词，具体事物名词似乎不能这样用。例（4）中的“钱”是具体事物名词，故此句不能成立。习惯上该句应说成“他……一点儿钱也没有”。

① 以上两例引自熊毅《“一点儿”这个词怎么用》一文中的用例。该文载王还主编（1993）《汉英对比论文集》，北京语言学院出版社。

主要参考文献

马　真（1989）说副词"有一点儿"，《世界汉语教学》第 4 期。

熊　毅（1993）"一点儿"这个词怎么用，载王还主编（1993）《汉英对比论文集》，北京语言学院出版社。

杨从洁（1988）不定量词"点"以及"一点""有点"的用法，《语言教学与研究》第 3 期。

第十四章 从 14

"从"既是介词（如"从这儿出发"），又是副词（如"他从不撒谎"）。这里只分析外国学生在使用介词"从"时出现的偏误。

介词"从"最基本的意义和最主要的用法是表示起点，包括时间的起点和空间距离的起点。由表示起点的意义引申，也可以用来指来源（如"他的经验都是从实践中产生的"）、范围（如"他从头到尾把整个故事又讲了一遍"）和发展变化（如"从不懂到懂"）。

"从"还可以表示行为动作经过的路线或场所，如"我们从马路上走"，是说沿着"马路"这条路线"走"，"马路"不是"走"的起点而是"走"所经由的路线。

"从"还可以表示凭借、根据，此时要把所凭借或所根据的对象、内容放在"从"的后边做宾语。如"从工作上考虑""从这些内容来看 / 看来""从字迹就能看出写字人的性格"。

后面两种意义都是从"起点"的意义引申出来的。

:: 偏误分析 ::

第 1 类

A 类：

（1）苏教授从陈伊玲弟弟知道了很多情况。

（2）孩子从妈妈要了五块钱。

（3）请替我从老师把课外作业拿回来。

（4）这本书是我从一个英国同学借来的。

（5）我总是能从她得到鼓励和支持。

这些句子里“从”的宾语或者是称谓词（“弟弟”“妈妈”），或者是指人的名词（“老师”“同学”），或者是人称代词（“她”），都不是表示处所的。按汉语的规则，“从”后边的宾语如果不表示处所，就要在后边加上“这儿”或“那儿”，和宾语一起构成表示处所的词语。

B 类：

（1）当我正要给她打电话的时候，恰巧从她来电话了。

（2）难怪今天她那么高兴，原来从男朋友来信了。

（3）他没想到从父亲提出这个要求。

（4）他的电话十有八九是从一些同学打来的。

这类句子的问题与 A 类相同，因此可以按 A 类方法改正，即在“从”的宾语后边加上“这儿”或“那儿”。但是这类句子有一个共同点：“从”的宾语都是后边动词谓语的行为主体。如例（1）“来电话”的主体是“她”，例（2）“来信”的主体是“男朋友”，例（3）“提出这个要求”的主体是“父亲”，例（4）打来电话的主体是“一些同学”。基于这种语义关系，当没有必要强调起点或来源时，汉语里更习惯的说法是不用“从”，而是让“从”的宾语直接做后边动词谓语的主语。这样，例（1）—（4）可依次分别改成：“恰巧她来电话了”“男朋友来信了”“父亲提出这个要求”“一些同学打来的”。

C 类：

（1）在日本上大学时，我从荒川老师学汉语。

（2）来中国以前，我从一个中国留学生学习初级汉语。

这两例的问题在意义方面。这两例都不应当用“从”，因为语义上不表示起点和来源，更不表示路线和凭借的对象，而是表示行为关涉的对象。表达这样的意义，汉语是用“跟”而不是用“从”。

D 类：

（1）老师从一张纸把一个角儿撕下来。

（2）他从孩子的手接过乌龟。

（3）笑容一下子从小杰的脸消失了。

（4）他从书包把学生证掏出来。

这些例子中“从”的宾语“纸”“手”“脸”“书包”都是普通名词，不表示处所，不符合介词“从”的使用规则。改正方法是在这些普通名词后边加上方位词，从而使“从”后边的成分变成处所。根据表达的需要和汉语的习惯，例（1）应改成“从一张纸上”，例（2）应改成“从孩子的手上”（或“手里 / 中”），例（3）应改成“从小杰的脸上”，例（4）应改成“从书包里 / 里边”。

E 类：

（1）他从上课刚回到宿舍，马上就睡了。

（2）燕燕的爸爸从出差带回来很多风味食品。

（3）我们是三月从旅行回到学校来的。（佟）

（4）我从看电影去商店。（佟）

（5）她爱人从工作一回家，马上就干家务。

这些例子中“从”后边的宾语“上课、出差、旅行、看电影、工作”都是动词或动词性结构，是表示行为动作本身而不是表示处所。因为是动词或动词性结构，所以改正方法不是在这类词语后边加方位词，而是用这些词语做定语，后边加上“的”，再加上与该动作的语义内容相协调（即能搭配）的词语。比如：

例（1）可改为：从上课的地方 / 从上课的教室

例（2）可改为：从出差的地方

例（3）可改为：从旅行的地方

例（4）可改为：从看电影的地方 / 从电影院

例（5）可改为：从工作的地方 / 从工作单位 / 从工作地点

第2类

（1）我家住在从东京不远的地方。

（2）从这儿不远的地方是工业区。

（3）颐和园从我们学校不远。（佟）

（4）我全身没劲儿，从感冒不远了。

（5）英国从欧洲大陆隔着五十公里宽的英吉利海峡。（佟）

这里的例（1）—（4）是 类，例（5）是另一类。

例（1）—（4）每个句子中都有两项：

例（1）：“我家”和“东京”

例（2）：“这儿”和“不远的地方”

例（3）：“颐和园”和“我们学校”

例（4）：“全身没劲儿”和“感冒”

该四例语义重心不是表示以前项为起点，而是表示前后两项之间的距离。例（1）（2）（3）表示空间距离，例（4）表示“全身没劲儿”和“感冒”在程度方面的距离（差距）。“距离”当然要涉及两项，但这四例的着眼点都是两项中的前项，以前项为话题或陈述对象，后项的作用是陈述、描写前项。要表达这样的语义内容，应该用“离”[1]。该四例中的“从”都应改成“离”。

例（5）中也有前后两项，即“英国”和“欧洲大陆”。但是句子中有动词“隔着”，该动词还带有宾语“英吉利海峡”。动词“隔着”的存在表明说话人不是着眼于前项“英国”，而是同时着眼于前后两项：“英国”和“欧洲大陆”。全句是对前后两项的描述。表达这样的语义关系，不应当用“从”，而应当用“跟”（或“和、同、与”）。

该例如果用“从”，就应当用“从……到……”，说成“从英国到欧洲大陆隔着五十公里宽的英吉利海峡”。

第 3 类

（1）她把这桃子捞出来从水里。

（2）我学汉语从 1985 年。

（3）为了准备联合国的农村调查，我应该等国际电话从美国总部。

（4）在那个学校有很多外国人学习日本语，从中国、美国、韩国。

例（1）中的“桃子”原来在“水里”，“捞”的结果是“桃子”离开了水，“水里”是“桃子”承受“捞”的动作而发生位移的空间起点。按照汉语的语序规则，“从水里”应当在动词谓语“捞”的前边做状语。

例（2）中的“1985 年”是“学汉语”这个动作行为的时间起点，同样应当放在动词谓语“学”之前做状语。

① “离”的词性，有的语法书认为是动词，如《现代汉语八百词》；有的语法书认为是介词，如北京大学中文系 1955、1957 级语言班编（1982）《现代汉语虚词例释》。

例（3）中的“美国总部”是“国际电话”的来源。例子中有动词“等”，“国际电话”是“等”的受事宾语，因此“从美国总部”只能做“国际电话”的定语，说成“我应该等（从）美国总部（打）来的国际电话”或“我应该等来自美国总部的国际电话”。

例（4）中的“从中国、美国、韩国”也是对前边动词“有”的宾语“很多外国人”加以说明和修饰，也应当放在前边做定语，改成“有很多从中国、美国、韩国来的外国人学习日本语”，或者改成“有很多来自中国、美国、韩国的外国人学习日本语”。

总之，汉语里“从＋宾语”一定要放在动词谓语之前，而不能在其后。怎样解释汉语的这个语序规则呢？或者换个提法：能不能给汉语的这条语序规则找出深层的理据呢？

对这个具体问题，我们不妨换一个角度，从另一个方面来探寻答案。比如，戴浩一就利用时间顺序原则来解释汉语里“从”字短语为什么一定要出现在动词之前。如在“他从中国来”这个例子中，“从中国”为什么一定要在动词“来”前出现？戴浩一写道，根据时间顺序原则，“可行的解释是：‘从’字短语指明了始发点，因此是动作之前的状态。这可以用‘从’来源于动词得到佐证”[①]。不管这种解释的正确性如何，它总比回避解释有价值得多。

至少下面一节分析的偏误可以从反面证明这种假说的正确性。

第4类

（1）那时，他从工作还没回来。

（2）已经开学了，可是很多同学从旅游还没回来。

① 戴浩一（1988）时间顺序和汉语的语序，《国外语言学》第1期。

（3）他从上海没回来。

按照上文（第1类E类）的分析，首先应当指出前两例的一个偏误："从"后边的宾语"工作"和"旅游"是表示动作行为的，不表示处所。改正方法是把"从"的宾语改变成表示处所的词语，比如改成"工作单位"和"旅游的地方"等。

这样改后，句子仍然不能成立。为什么？

原因在于句中的否定词"没"的位置不对。"从工作单位""从旅游的地方""从上海"都是"回来"以前的状态，用了"从"，就意味着后边的"回来"已经发生或开始。中国人对"从+处所"的后续动词的心理期待是：该动词表示的动作行为已经发生或开始。正因为如此，所以该动词前边不能有否定词。否则，一方面前边的"从+处所"意味着后边的动作已经开始；另一方面后边的否定词又对该动作的发生加以否定，这在语义和逻辑上都是矛盾的。上引三例之所以不能被中国人接受，甚至有人听了以后觉得可笑，原因即在这里。

按汉语的语序规则，否定词"没"应当放在"从"的前边。"没"否定了"从"，自然也就否定了动词。

第5类

（1）我们下了决心，明天一早这个饭店离开。

（2）有一天，我报纸上发现了一条重要新闻。

（3）这儿的设备都是日本买来的。

（4）昨天我商店买来一件大衣。（佟）

（5）我把无线电一关就床上起来了。（佟）

例（1）中"这个饭店"是"离开"的起点，应该在前边加上"从"。因为"离开"是及物的，所以也可改成"……离开这个饭店"。

例（2）的“报纸上”可以理解成“发现”的地点，因此可以用“在报纸上”；也可以理解成“发现（新闻）”的来源，故也可以用“从报纸上”。

例（3）是一个日本人在北京参观一个工厂时说的话。因为所买设备的来源是日本，所以要说“从日本”。

例（4）中的“商店”是所买“一件大衣”的来源，应当用“从商店”。

例（5）中的“起来”是指身体离开床，“床”是离开的起点，应当用“从床上”。

上边例（1）（2）和例（4）（5）虽然都缺少了介词“从”，但是靠句内语境（这里指句中有关的词语）的帮助，受话人能很容易地建构句子的真正语义内容，不会发生误解或导致交际失败。但例（3）有所不同。脱离开说话时现实的背景，“这儿的设备都是日本买来的”是可以成立的句子，只是与原话意思完全不同，因为“日本”可以是“买”的主体，少了“从”就造成了误解。人们之所以能判断原话的正确意思，是靠话语以外的语境，即广义的语境。在口语中，当句子比较短的时候（多在对话中），靠语境的帮助，有时“从”可省略不用。例如：

A：你哪儿来的？　　B：天津来的。

A：这书是买的吗？　　B：不，是图书馆借的。

第6类

A类：

（1）他们俩的关系从开始很好。

（2）他的态度从开始不太好。

（3）从开始男的很高兴。

“从开始”强调从某一个时点起就一直是某种状态或做某事，后边常有“就”与之搭配。例（1）应说成“……就很好”。例（2）应说成“……就不太好”。例（3）的主语“男的”在“从开始”的后边，所以“就”应放在主语“男的”后边。

在这种用法中，“开始”的前边常常加“一”。另外，由于“开始”本身就是指时间起点，所以“从”也可以不用。

B类：

（1）兔子从以前常常自夸。

（2）从以前我一直不了解“了”的用法。

“从”在这里是表示时间的起点。“以前”是表示时间的方位词，是指比现在或某一时间早的时间，当组成“从……以前”的格式时，中间应当有表示时点的词语，[①] 如“他从上大学以前就开始抽烟了”“从全国解放以前到现在，他一直在农村工作”。例（1）（2）出现的是“从以前”，中间没有表示时点的词语，故不成立。其实，按例（1）（2）的语义内容，没有必要用表示时间起点的“从”，直接用表示时间的方位词“以前”做状语，就很自然了。

① 这一点是经北京语言学院储诚志先生提示后加上的。

第十五章 在 15

汉语的“在”既是动词（如“小王在家吗？”），又是副词（如“他在工作”），同时又是介词（如“在黑板上写字”）。这里所分析的是外国学生使用介词“在”和动词“在”时所出现的偏误。

∷ 偏误分析 ∷

第1类

A类：

（1）我在地毯坐着。

（2）在公共汽车，妈妈对儿子说：“下了车再买票。”

（3）有一天，他的妻子在河洗衣服。

（4）在今天的联欢会，很多留学生表演了节目。

（5）在这次旅行，我乘车的总距离超过了七千公里。

B类：

（1）孟姜女把身体撞在石头。

（2）我把我的衣服放在洗衣机。

（3）我敢把蛇盘在我的头。

（4）你把好豆儿放在这儿的锅，把坏豆儿放在那儿的锅。

（5）老人和他的妻子住在海边的一座房子。

在我们所搜集到的来自十多个国家的学生关于“在”的各类偏误中，这一类大约占三分之一，居首位。

A 类是“在”带上宾语做状语，B 类是“在”做结果补语，后边又带上宾语。在这两类中，“在 + 宾语”都是表示处所的。可是，这两类用法中共同的问题是“在”后边的宾语本身属普通事物名词，不表示处所。A 类中的“地毯”“公共汽车”“河”“联欢会”“旅行”和 B 类中的“石头”“洗衣机”“头”“锅”“房子”都是如此。

这两类的改正方法都是在这些名词宾语后边加上方位词，使之变成表示处所的词语。至于各加上什么方位词，要根据宾语的性质和所表达内容的实际需要来决定。比如可以采用以下改法：

A 类（1）在地毯上；(2）在公共汽车上 / 里；(3）在河边 / 里；(4）在今天的联欢会上；(5）在这次旅行中。

B 类（1）撞在石头上；(2）放在洗衣机里 / 内；(3）盘在我的头上；(4）放在这儿的（那儿的）锅里；(5）住在海边的一座房子里。

“在”后边的宾语要不要加方位词，看起来是结构形式是否完整的问题，而实质上是名词的再分类问题。

第 2 类

（1）在我的故乡上没有这种水果。

（2）那时，在农村上每天都有战斗。

（3）我把行李放在北大上。

（4）在这里，现在诞生了人际关系的小社会。

（5）米中国以前，由于在大学上学习其他课程，我没能专门学习汉语。

（6）这几年，中国人民大学的人口研究，不但在国内上而且在国外上都是有名的。

这些例子同第 1 类相反，在不该用方位词的地方反而加上了方位词。“在”后边的宾语如果表示地理范围，那么它本身就已经是处所了，就不应再加方位词，如例（1）的“故乡”、例（2）的“农村”、例（4）的“这里”、例（6）的“国内”和“国外”。如果“在”的宾语是表示组织机构或机关单位的名词，在不需要强调的时候，一般也不在后边加方位词。例（3）中的“北大”和例（5）中的“大学”后边都不应加“上”。如果为了强调，这两例要加方位词也不能加“上”，而应当加“里”。

也有两可的情况，如例（2）“农村”后既可以不加方位词，也可以加上“里”，说成“在农村里”。这里的情况比较复杂，不可一概而论。

第 3 类

（1）我住在的地方是人民大学的留学生楼。

（2）中国是十亿多人口住在的地方。

（3）这个床是我睡在的地方。

（4）最近他住在的那一带雨水很多。

（5）我很喜欢吃把一些芝麻放在的米饭。

首先，“在”做结果补语“表示通过动作使人或事物处于某个处所，后边一定要有处所宾语”[1]。这些例子中的“住在”“睡在”“放在”都没带处所宾语，不符合“在”做结果补语的要求。

其次，“动词＋在”没有做定语的资格，而这些例子中的“动词＋在”都是做定语，分别修饰后边的名词“地方”“一带”“米饭”，故都不能成立。不过，上引五例可分成两种情况。例（1）—（4）为一类，“动词＋在＋的”所修饰的名词性中心语在学生的观念中就是处所：“地方”是“住在”“睡在”的处所。可是，要表达这样的意思，汉语里是不用“在”的，应该用“动词＋的”直接修饰表处所的名词。这样，例（1）和例（2）可以改成“住的地方”，例（3）可以改成“睡的地方”，例（4）可以改成“住的那一带”。引例（5）属于另一类。前四例去掉“在”即可成立，而例（5）去掉“在”就变成了“我很喜欢吃把一些芝麻放的米饭”，仍不成句，应该在“放在”后面加上方位词“里面／上面（里边／上边）”。不过，要表达这个意思，汉语里更习惯的说法是：

我很喜欢吃放一些芝麻的米饭。

第 4 类

A 类：

（1）我是一个人在这儿来的。

（2）小羊说：“我是今年春天才出生的呀，我今天是第一次在这儿来！”

（3）有一天，老爷爷在山上去砍柴，老奶奶在河边去洗衣服。

例（1）（2）中含有“在＋处所＋来”，例（3）中含有“在＋处

---

① 刘月华等（1983）《实用现代汉语语法》第 334 页，外语教学与研究出版社。

所 + 去”，都不对。这是因为“在 + 处所”是静态的，而“来”和“去”是动态的，是表位移的趋向动词，因此“在 + 处所”跟“来 / 去”语义相悖，逻辑上不通，不能同现。这三例中的“在”都应当改为表示动态和位移意义的趋向动词“到”。总之，“在 + 处所”和“来 / 去”相排斥。

B 类：

（1）听到喊声他立刻在楼梯上跑下来。（佟）

（2）我们都在桥上过去。（佟）

（3）猎人听了东郭先生的话，就在小路追去了。（佟）

（4）参观的人应该在右边的门进去，在左边的门出来。（佟）

这类例子中动词谓语的后面都带了由趋向动词充任的趋向补语，例（1）是复合趋向补语“下来”，其余各例是简单趋向补语“来”或者“去”。同 A 类一样，“在 + 处所”与“动词 + 趋向补语”语义上也是矛盾的，因此都不对。实际上，在这些例子中，“在”后边的处所宾语既不是后边动词所表示的动作行为发生或进行的地点，也不是这些动作行为的终点，而是动作行为经过或通过的处所或路线。因此，应当把“在”改为“从”或“沿 / 沿着”，以便与后边的“动词 + 趋向补语”所表示的语义内容相协调。具体改法：

例（1）“从楼梯上”或“沿 / 沿着楼梯”

例（2）“从桥上”

例（3）“从小路”或“沿 / 沿着小路”

例（4）“从右边的门”“从左边的门”

C 类：

（1）他是六点半在我家出发的。

（2）我经常在爸爸的书房里把书拿出来。

这两例与前两类有相同之处："在+处所"与后边的谓语"出发""拿出来"语义相悖，同样都不能成立。不同之处在于这里的处所"我家""爸爸的书房里"分别是"出发"和"拿出来"的起点。按照这样的语义内容，"在"应当改为"从"。

第5类

（1）那只小苍蝇停住在一棵大松树上。

（2）我把母亲的话记住在心里。

（3）她把孩子抱紧在怀里朝大门口走去。

（4）他把那面破镜子摆好在大厅的中央。

（5）这时，他们都睡着了在草地上。

（6）你教我的东西，我都扔掉在大海里了。

这些例子中包含着一个共同的格式：

动词+结果补语+在+处所

在一般情况下，汉语里一个句子的动词谓语后边只能带一个结果补语。可是在这些例子里，动词谓语后边都有结果补语，同时又都带了"在"，这里的"在"也是结果补语。① 这就造成了一个谓语后边带两个结果补语的情况，不符合汉语的规则。换个角度来说，"在+处所"不能出现在"动词+结果补语"之后。

但是有例外。当动词带结果补语"倒""翻""死"时，后边可以出现"在+处所"。例如：

他一不小心摔倒在地上。

汽车被撞翻在路旁。

---

① 刘月华等（1983）《实用现代汉语语法》第334页，外语教学与研究出版社。

咱们还不定碰死在哪儿呢？[1]

上引各例改为：

例（1）那只小苍蝇停在一棵大松树上。

或：那只小苍蝇在一棵大松树上停住。

例（2）我把母亲的话记在心里。

或：我在心里记住母亲的话。

例（3）她把孩子紧（紧紧、紧紧地）抱在怀里……

或：她紧紧地把孩子抱在怀里……

例（4）他在大厅的中央把那面破镜子摆好。

或：他把那面破镜子摆在大厅的中央。

例（5）这时，他们都在草地上睡着了。

例（6）……我都扔到了大海里。

或：……我都扔进（到）大海里去了。

第 6 类

（1）一大滴松脂刚好落下在树枝上。

（2）他刚躺下在床上，突然有人敲门了。

（3）他一进屋，就坐下在椅子上。

（4）我把水果买回来在回家的路上。

这些例子中都包含着一个共同的格式：

动词 + 趋向补语 + 在 + 处所

汉语里也不存在这种格式。这类偏误的性质与第 5 类相同，因

① 该例转引自李临定（1992）究竟哪个"补"哪个？——"动补"格关系再议，《现代汉语补语研究资料》第 502 页，北京语言学院出版社。

为从广义上讲，趋向也是一种结果，因此对该类偏误的分析也与第 5 类相同，故从略。

改正为：

例（1）一大滴松脂刚好落在树枝上。

例（2）他刚躺在床上（他刚在床上躺下）……

例（3）他一进屋，就坐在椅子上（就在椅子上坐下）。

例（4）在回家的路上，我把水果买回来。

或：我在回家的路上把水果买回来。

主要参考文献

范继淹（1986）论介词短语“在 + 处所”，《范继淹语言学论文集》，语文出版社。

宋玉柱（1992）评“介词结构做补语”，《现代汉语补语研究资料》第 309—311 页，北京语言学院出版社。

王　还（1987）《门外偶得集》，北京语言学院出版社。

朱德熙（1981）“在黑板上写字”及相关句式，《语言教学与研究》第 1 期。

第十六章 到 16

动词"到"表示"到达、达到"，可以做谓语，如"春天到了""火车到了""客人到了"。"到"可以带时间和处所宾语，如"到十点钟了""火车到北京了""客人还没到家"。这些用法外国人很容易掌握。他们的问题，特别是到中高级阶段，主要表现在以下几个方面。

∷ 偏误分析 ∷

第 1 类

（1）我原来在大阪工作，1988 年 6 月到东京调动了。

（2）南方的森林里没有食物了，小鸟们打算到北方搬家。

（3）今年九月，我到人民大学转学了。

（4）后来，梨花姑娘到山那边出嫁了。

（5）我来中国是从神户到天津坐船的。

（6）昨天下午我三次到你家打电话，你都不在，没人接。

（7）老人……到海里把金鱼扔了。

（8）这些花生都是从中国到日本出口的。

（9）阿姨对他们很客气，一直到大门口儿送他们。

这些例子中都包含一个共同的结构段：

到 + 处所 +VP

汉语里有形式上与此类似的格式。如：

我到商店买东西。

他到教室上课。

这类句子里都有前后两个动词性成分："到"和 VP。这是连动句的一种。这里的 VP 发生在到达某个地点之后，并且都是在该地点发生和进行的：先到商店，然后才能在商店里买东西；到教室以后才能上课，上课是在教室里进行的。

值得注意的是，这类句子里的 VP 必须是非位移性的，即该类动词所表示的动作行为本身只发生在"到"后边的那个处所，而不能是动作主体从一个地点移动到另一个地点。比较：

他到南方旅游。

我到公园散步。

"旅游"当然要走动，也就是发生主体的移动。但是，该句所说的"旅游"只是在"南方"这个范围内进行的，不可能指从南方到另一个地方（比如说"北方"）。"散步"当然是指主体的移动，但是这句话中的"散步"只是在"公园"里进行，不可能指从公园移动到别的什么地方。可见"旅游"和"散步"属非位移性动词。"非位移"就是"买东西""上课""旅游""散步"这些动词性成分（VP）的一个共同性的语义特征。

上边所引例（1）—（4）中的"调动""搬家""转学""出嫁"都是指从一个地点移动到另一个地点，属于位移性动词，故都不成立。例（1）的本意是说从大阪位移到东京，学生由于不了解"调动"的语义特征，于是就按照日语的语序规则说成"到东京调动"。

中国人听到这句话，或者不知所言何意，或者可能产生误解，以为是“到东京”以后又调动到不知什么地方了。例（2）中的“小鸟们”原来在“南方的森林里”，“打算”去的终点是“北方”。例（3）是一个学生在人民大学说的话，可见“转学”的终点是“人民大学”。例（4）中的“梨花姑娘”原来不住在“山那边”，是“出嫁”后到了那儿的。

例（5）显然是坐船到天津的，“天津”是位移的终点。可是，说成“到天津坐船”，那么“天津”就变成“坐船”的起点了，而前边又有表示起点意思的“从神户”，这就造成了前后语义的矛盾。

例（6）中的“到你家打电话”只能是指先“到你家”，然后在“你家”打电话。可后边的“你都不在，没人接”显然指打电话的人没有去“你家”，“你家”实际上是接电话一方的地点。

例（7）是一个俄罗斯学生讲普希金的著名童话《渔夫和金鱼的故事》时出现的偏误，故事本来是讲老渔夫站在海边把金鱼扔进海里，“海里”是所扔金鱼的终点。该例这样表述，变成老人先“到海里”，然后在海里扔金鱼。

例（8）本意是指花生从中国出口到日本，而不是到日本后又出口到别的国家去。

例（9）是讲托儿所的阿姨热情地送前来接孩子的家长，“大门口儿”是阿姨“送他们”的终点。该例的表述格式是把“大门口儿”变成“送他们”的起点了。

总之，以上各例中的“到＋处所”都应当移到VP的后边去。

各例分别改为：（1）调动到东京；（2）搬家到北方；（3）转学到人民大学；（4）出嫁到山那边；（5）坐船到天津；（6）打电话到你家；（7）把金鱼扔到海里；（8）出口到日本；（9）送他们到大门口儿。

第2类

（1）我每天工作都很忙，有时甚至到晚上十二点工作。

（2）我就是到半夜学习，也记不住这么多生词。

（3）我每天都不知不觉到半夜预习才休息。

（4）我要在我们学校到明年七月学习。

（5）因为我到二月二十八日在云南旅游，所以我得请假。

上引各例中的时点所表示的都不是后边 VP 的时间起点而是其终点。例（1）是指工作“到晚上十二点”结束。例（2）的“半夜”是“学习”的时间终点。例（3）的“半夜”是“预习”的时间终点。例（4）的“明年七月”是指“学习”结束的时间。例（5）的“二月二十八日”是指“在云南旅游”结束的时间，而不是指到那个时候才开始旅游。要表达动作行为的终点，应该用下面的格式：

主语 + VP + 到 + 时点

以上各例改法：

例（1）工作到晚上十二点

例（2）学习到半夜

例（3）预习到半夜才休息

例（4）学习到明年七月

例（5）在云南旅游到二月二十八日

第3类

（1）请到这边走。

（2）他们突然迷失了方向，不知道到哪儿走了。

（3）桃太郎带着丸子到鬼岛出发了。

（4）我们逛完了商店就想到一个村子走路。

（5）我跟一个朋友从天安门到前门走路。

这些例子中的“到 + 处所 + VP”除了涉及处所是终点还是起点、VP 是不是位移性的以外，还与方向有关系。“这边”“哪儿”“鬼岛”“一个村子”“前门”按句子语义内容都是后边 VP 的终点或目的地。从这方面看，这些例子与第 1 类偏误的性质和原因相同。不过这几例情况又不完全一致：

例（1）来自日语口语里的惯用语“こちらへどうぞ”，这句话汉语应当译为“请到这边来”。因为是近指“这边”，方向上是朝着说话人的，所以要用“来”。其中的“这边”是“到”的目的地，语法上是处所宾语。误例说成“到这边走”，容易被误解成先“到这边”，然后从“这边”走。

例（2）偏误的性质和原因与例（1）相同。改正方法有二：或改成“不知道走到哪儿了”，或改成“不知道往哪儿走了”。（两种改法意思不同。）

例（3）本意是“出发”后“到鬼岛”，“鬼岛”是终点。说成“到鬼岛出发”在汉语里只能把“鬼岛”理解成“出发”的起点。此例可改为“出发到鬼岛去了”或“向鬼岛出发了”。

例（4）（5）中的“到一个村子走路”和“到前门走路”语义不通。按句义，例（4）可改成“步行到一个村子（去）”，例（5）可改为“从天安门步行到前门（去）”或“从天安门走到前门”。

第 4 类

（1）她到一个安静的地方搬来了。

（2）把那把椅子到这儿拿来吧。

（3）一百年后，烟草种子又被荷兰商人到日本带来。

（4）妈妈把儿子到楼下的小卖部带去。

（5）我们把病人到医院送去吧。

（6）他从上海到北京回来。

（7）她到那个房间回去了。

（8）你到这儿进来也不容易。

（9）他乘车到家乡回去。

在这些例子中，根据原例所要表达的实际意义，动词“到”都是后边动词谓语的结果补语，因此“到”应当紧随谓语动词之后。“到”又必须与其所带的处所宾语紧密组合在一起，因此，“到 + 处所”也就必须处于动词谓语之后，然后再带上趋向补语“来”或者“去”。这样，以上各例就分别改成：

例（1）他搬到一个安静的地方来了。

例（2）把那把椅子拿到这儿来吧。

例（3）一百年后，烟草种子又被荷兰商人带到日本来。

例（4）妈妈把儿子带到楼下的小卖部去。

例（5）我们把病人送到医院去吧。

例（6）他从上海回到北京来。

例（7）他回到那个房间去了。

例（8）你进到这儿来也不容易。

例（9）他乘车回到家乡去。

第 5 类

（1）他……到那棵树去。

（2）妻子把他们领到里屋的桌子。

（3）他……到办公桌去。

（4）他通过护士把点心送到了我。

（5）她把生日礼物送到她孙女。

（6）你可以不可以把这些东西送到我妈妈？

当表示到达某处的意思时，“到”的宾语必须是表示处所的词语。例（1）（2）（3）中“到”的宾语是普通事物名词“树”“桌子”“办公桌”，不表示处所。例（4）（5）（6）中“到”的宾语是人称代词“我”和表示称谓的“孙女”“妈妈”，也不表示处所。改正方法是把“到”的宾语改造成处所词语。比如在后边加上“这儿 / 那儿”，或根据实际的表达需要加上相应的词语。

主要参考文献

戴浩一（1988）时间顺序和汉语的语序，《国外语言学》第 1 期。

郭　熙（1986）“放到桌子上”“放在桌子上”“放桌子上”，《中国语文》第 1 期。

郭　熙（1990）“动词 +‘到’+ 处所词语”的十二种句式，《语言学和汉语教学》第 87—96 页，北京语言学院出版社。

李英哲（1983）汉语语义单位的排列次序，《国外语言学》第 3 期。

佟慧君（1986）《外国人学汉语病句分析》，北京语言学院出版社。

邢公畹（1993）现代汉语具有“位置移动”语义特征的动词，《汉语研究（三）》，南开大学出版社。

第十七章 着 17

“着”（zhe）是动态助词，是外国人学汉语的突出难点之一，不仅错误率很高，而且延续的时间也很长。这种情况对许多母语不同的外国学生具有普遍性。之所以如此，一方面跟“着”的意义和用法复杂有关系，同时也跟他们使用汉语时无法回避它有关系。至于造成偏误的原因，从大的方面来说不外两条：第一是现代汉语语法学界关于“着”的现有的研究成果还不能完全适应或满足对外语法教学的需要；第二是外国学生在使用汉语时受其母语的干扰，很容易用母语的时态观念来看待汉语的“着”，把“着”等同于他们母语的某个语法形式，造成母语的负迁移。

∷ 偏误分析 ∷

第1类

（1）今天早上还下雨着，他们就出发了。

（2）哥哥跟弟弟正在吵架着。

（3）现在我休学着呢。

（4）峨眉山……我闭眼着也能爬上去。

（5）她低头着不说一句话。

（6）我看见他正在操场跑步着。

（7）他们鼓掌着热烈欢迎我们留学生。

（8）他们正吃饭着的时候，外边下起雨来。

这些例子中的“下雨、吵架、休学、闭眼、低头、跑步、鼓掌、吃饭”都是动宾格结构，即都是由前边的动词和后边的宾语这两部分构成的。外国人不了解这些结构的内部构造关系，只是把这些动宾格式当作一个个不可分割的整体，当作没有可分性的一个个单词，于是就简单地把表示持续态的“着”放在整个动宾格的后边，因而造成了这类偏误。其实，这些动宾格式都应当看作词组，其中的动词虽然都带了宾语，但它们仍然保留了作为动词所具有的全部语法特点。从作为动态助词的“着”这方面来看，它出现在动词后边的时候，“动词……和‘着’的中间不能加入任何成分”（《现代汉语八百词》第1版第594页）。而上引各例都是把宾语放在动词和“着”的中间，因而违反了汉语语法规则。

改正方法很简单，就是把“着”放在动词和宾语的中间，使“着”紧挨动词就可以了。

这是就大部分的动宾格而言的。这些动宾格的前后两部分中间可以插入其他成分，如以上各例改正以后都是“动词 + 着 + 宾语”的格式。汉语中还有不少动宾格的前后两部分结合紧密，中间不能插入任何其他成分，如“怀疑、动员、关心、注意、着眼、助长”等，如果要用“着”来表示持续意义，则要把“着”放在整体结构后面而不能放在中间，如“父母一直关心着我”“注意着事态的发展”等。

当然，这样分析是以普通话语法作为规范的。有些方言地区，动态助词“着”可以放在动宾格之后，例如，陕西有的方言里就可以说“他正吃饭着”。

第2类

A类：

（1）他们吃饭后躺着床上。

（2）去年的那件事到现在还萦绕着我的心里。

（3）我朋友帮我把电视机放着桌子上。

（4）他走进屋里，看见了挂着墙上的照片。

（5）那只鸟正飞着隅田川上。

（6）他骑着驴上作诗。

（7）他坐着汽车里看报纸。

（8）在那儿，我们坐着地上讨论问题。

（9）他走着路上东张西望。

例（1）—（5）的动词谓语带“着”以后，后边都有由“名词＋方位词”构成的表处所的词语。其中，例（4）“挂着墙上”处在被包含的地位，做“照片”的定语。例（6）—（9）都是在“动词＋着＋名词＋方位词”后边又带了另一个动词。这些例子来自日本、韩国和意大利学生，都不对。为什么呢？

从动词方面看，“动词＋着”后边可以带宾语，如“他骑着驴”；也可以带后续动词，如“站着喝酒”。如果带表处所的词语，那么该处所词语一定是前边动词的受事宾语，如“他两眼盯着楼上”。但上引例（1）—（9）各例中“动词＋着”后边的“名词＋方位词”都不是前边动词的受事宾语，其意思是说人或事物通过动作行为到达某个处所，或者该动作在某个处所发生。要表示这样的语义内容，动词后边不应当用动态助词“着”，而应当改用结果补语“在”，让“名词＋方位词”做“在”的宾语。

B 类：

（1）巴拉德坐着在海边。

（2）这时，孩子伏着在她身边。

（3）主人公的照片挂着在墙上。

（4）他默默地站着在那里，一句话也说不出来。

（5）朦胧的烟雾笼罩着在山顶上。

（6）他们三个人站着在一起。

（7）我们常常坐着在草地上讨论问题。

这些例子来自日本、韩国、德国、意大利和捷克五个国家的留学生。这些例子的共同点是“动词 + 着”的后边带着表处所的词语。

上边（A 类）分析了“我们坐着地上”之类的用法为什么不对，这里的 B 类与 A 类相比，不同之处仅在于“动词 + 着”的后边多了一个“在”。从表示的语义内容上看，二者并没有本质的不同，由 A 类的偏误可直接推断 B 类的偏误。

另外，从句法规则上看，B 类也不能成立。在这些句子里，动词后边的“在”如果被当作结果补语来使用，那么，按照“结果补语与谓语动词或形容词之间不能插入其他成分”[①] 的规则，“着”也不应当出现在动词谓语和“在”的中间。总之，在动词谓语后边，“着”与“在 + 处所”不能同现。

改正方法有两个：或者去掉“着”而保留“在 + 处所”；或者把“在 + 处所”移到动词谓语的前边做处所状语，动词后边保留“着”。

① 刘月华等（1983）《实用现代汉语语法》第 334 页，外语教学与研究出版社。

第3类

A类：

（1）这棵树倒着三天了。

（2）她走了以后，我呆呆地站着一会儿。

（3）我昨天在那儿等着一个半小时。

（4）他看着很久，也想着很久。

（5）昨天我批评他的时候，他笑着半天。

（6）房子里的电话响着好长时间，她居然没醒来。

（7）他拼命地挣扎着三分钟，终于游到了岸边。[1]

（8）这种虚荣心保持着三十年。

（9）姑娘在钱箱里翻腾着一阵。

（10）我活着五十年，没见过这样的事。

（11）他病着一个多星期了。

B类：

（1）我很得意地又朝空中抡着几拳。

（2）“书呆子！”老黄瞪着我一眼。

（3）我教训着他一番。

A类“动词+着”后边带了时量补语，B类“动词+着”后边带了动量补语。因为性质相同，可以一并分析。

我们知道，汉语的“着”是动词持续态的形式标志。动词后边带了“着”，就表示该动词处于持续状态之中，因此“着”是动词非完整体的标志，因为用“着”是着眼于动作过程中间的某一部分。

① 例（7）（8）（9）和下文B类的例（1）（2）均引自戴耀晶（1991）现代汉语表示持续体的“着”的语义分析，《语言教学与研究》第2期。

比如，当说“等着”的时候，所涉及的并不是“等”这个动作行为的全部过程。正因为如此，所以后边既不能有表示该动作时间量的词语，也不能有表示该动作本身动量的词语。再从数量补语的角度来看，动词后边所带的数量（时量或动量）是指动作全过程的数量，这与“着”所表示的动作持续而非完整的动态意义是矛盾的。通俗点儿说，比如，“等着”就是说“等”的动作尚在持续之中，既然如此，怎么会有“一个半小时”的“等”的时间数量呢？事实上，汉语里持续态与时量补语都有时间持续性特征。学生这样用，说明他们很难区分二者。

以上 A、B 两类的改正方法都是把“着”改成“了”。

上边的分析只是从汉语语法方面着眼来说明“动词 + 着 + 时量 / 动量”为什么不能被接受。至于学生为什么会使用这种结构，看来主要原因是学生母语时态观念的负迁移。他们注意到了句中的时量和动量 [上边这些例子中，A 类中例（1）的“三天”是动词“倒”发生以后造成的结果所经历的时间，不是“倒”本身持续的时间，其余各例中的时量都是动词所表示的动作行为持续的时间量]，于是就把它看成相当于其母语的进行时态，然后再用汉语的“着”来表示这种时态观念，并把时量或动量成分直接放在“动词 + 着”之后。

另一方面，这也跟汉语内部不同语法项目的负迁移有关。在“语法偏误分析”课上，不少国家的学生谈到了他们的困惑：汉语里可以说 a“我等了一个半小时”、b“我等过一个半小时”，为什么同样是动态助词的“着”却不能说 c“我等着一个半小时”？由此可知，c 的用法是从“了”和“过”的用法类推出来的。

第 4 类

（1）那时，狐狸正在把佛像前的点心偷走着。

（2）王丽从手提包里掏出着钱包。

（3）我在热处理车间找到着王科长。

（4）他果断地拉亮着电灯，坐了起来。

这类例子的共同特点是动词带了结果补语以后又带上了“着”。

动词带结果补语以后能否再带“着”，有两种不同的情况：

在一般情况下，动词带结果补语以后不能再带“着”。这是因为动词带了结果补语就意味着动作有了结果，事件的过程有了完整性，而“着”表示动作或状态的持续，这两个方面在语义上是互相抵牾的。这主要是指动词和结果补语都是游离成分的情况，二者由于语义表述的需要而临时组合在一起，没有构成一个词汇单位。比如“想通、想开、想明白”“说通、说漏、说清楚”“卖光、卖完、卖掉”“洗净、洗破、洗完”“跑开、跑远、跑进、跑光”等等，这些动结式的组合后边都不能带“着”。

另一种情况是动词和结果补语结合较紧密，有的甚至变成凝固型的动结式动词。在这种情况下，大部分可以带“着”。如“缩短、缩小、扩大、延长、放大、放松、疏通、澄清、充满、推动、减少、改良、改善、降低、提高”等等。这一类动结式的动词有一个特点：它们并不表示动作行为的终点或终结。正因为如此，所以它们本身可以持续，自然后边可以带“着”。这类例子的共同特点是动词带了结果补语以后又带上了“着”。[①]

① 这一点是经鲁健骥先生提示后加上去的。

但是不能反过来说凡是结合为词的都可以带“着”，如最常用的“看见”和“听见”后边就一定不能带“着”。

第5类

（1）在这里，中午一般的商店不开着。

（2）我的钱包丢了。虽然里边连一块钱也没装着，可是那里边有学生证，还有很多非常重要的卡片。

“着”的作用是表示动作行为或状态的持续，但主要是对动作或状态进行正面描写。由于这个原因，所以在实际的言语交际中，“动词+着”的否定形式是不多的，只是在表示疑问、假设、辩白或断然否定时，才有可能用否定式。如：

出门在外，你怎么不带着点儿零花钱呢？

多雨季节出门不随身带着雨具可不好。

我不是不想买，是因为我没带着钱。

门没开着，关着呢。

A：带着弟弟进城吧！

B：他这么淘气，我就不带着他！

上引例（1）（2）都是一般的正面陈述和描写，“不开”和“没装”的后边不应有“着”。

第6类

（1）很久很久以前，在一个村子里住一对老夫妻。

（2）他马上拉妈妈的手到小卖部里去了。

（3）她拉自己的儿子上楼了。

（4）母亲抚摸孩子的头说："我们吃饭吧！"

（5）她带难舍难分的心情回宾馆去了。

（6）她翻一本画报给孩子讲故事。

这些例子都属于应当用"着"而没有用的偏误类型。其中，例（1）可单独为一类，其余为另一类。

例（1）是说在很久很久以前有一对老夫妻生活在一个村子里，这是在说明一种状态、一种情况，并不是在强调"住"的动作本身，并不是说"在一个村子里"发生了"住一对老年夫妻"的事件，因此，整个句子没有动作性，只有静止的状态性。此种句式属于静态存在句。[①] 按静态存在句的要求，应当用"住着"。不过这里的"着"也可以换成动态助词"了"。这是静态存在句的特点之一。比如，"屋子里点了一盏灯""村口围了一群人"中的"了"都与"着"相当。

例（2）—（6）每个句子都有前后两个动词，VP_1 和 VP_2。这些句子有以下特点：

[1] VP_1 和 VP_2 共有一个主语；

[2] VP_1 后边没有句间语音停顿；

[3] VP_1 和 VP_2 的关系不是"平起平坐"的，而是以 VP_2 为主。VP_1 是以 VP_2 进行时的伴随动作的资格来说明 VP_2 的方式的。比如例（2）中的 VP_1"拉妈妈的手"和 VP_2"到小卖部里去了"在语义上不是两个平行并列的动作，前者是后者进行时的方式或状态，VP_2 是句子的主要信息（焦点），VP_1 是句子的次要信息。从这方面看，VP_1 的作用与状语相当。

---

① 见宋玉柱（1992）《现代汉语语法基本知识》一书中"存在句"一节，语文出版社。又见陆俭明（1993）《现代汉语句法论》第 128 页对"山上架着炮"的歧义分析，商务印书馆。

当 VP_1 和 VP_2 具备这样的结构特点和语义关系时，汉语里要用“VP_1 + 着（+ O）+ VP_2”的句型。因此例（2）—（6）里的第一个动词后边都应当加上动态助词“着”。

（7）田寡妇才把秋生打发走，王先生摇了扇子走过来。

这句话是学生复述《田寡妇看瓜》时产生的偏误。学生之所以把“摇着扇子”说成“摇了扇子”，主要是受其母语过去时观念的干扰；同时也说明学生不了解“摇着扇子”是“走过来”的伴随动作或状态。事实上，王先生虽然是一边走一边摇扇子，但“摇扇子”和“走”显然不是两个平行的动作行为，“摇扇子”是说明王先生“走过来”的方式或状态的。当然，王先生更不是完成“摇扇子”的动作以后才“走过来”的，跟“吃了饭进城”“看了电影去买东西”这些例子中前后两个动作的意义关系完全不一样。因此，用“了”完全不对，应该改用“着”。

第 7 类

（1）他正找着水喝。

（2）小鸟在找着食儿吃。

《现代汉语八百词》第 1 版在介绍“动 $_1$+ 着 + 动 $_2$”这种句型时说：“动 $_1$ 和动 $_2$ 的意义关系有多种”，并列举了 a、b、c 三类。与这儿引的两个错例有关系的是其中的 a、b 两类：

“a）表示两个动作同时进行，其中有的可以理解为动 $_1$ 表示动 $_2$ 的方式。

“坐着讲 / 抿着嘴笑 / 红着脸说 / 硬着头皮回答 / 低着头不作声 / 冒着大雪上山……

“b）动$_1$和动$_2$之间有一种手段和目的的关系。

“……藏着不肯拿出来 / 领着孩子朝外走 / 赶着羊群往东边去了 / 这碗菜留着给爸爸吃。”（第 594—595 页）

对照一下可以看出，上引两例属于 b 类。其实，b 类的“动$_1$+ 着 + 动$_2$”还可从意义上分化为下面的两种类型：

① 要着吃 / 借着花（花钱）/ 偷着用 / 买着穿 / 抢着吃

② 炒着吃 /（这件衣服）翻着穿 / 倒着拿 / 横着看 / 竖着切 / 拎着走

① 组的动$_2$只有在动$_1$实现之后才有可能进行，因为动$_2$的受事对象是通过动$_1$的完成才获得的。该类的动$_1$都不能带宾语。比如可说“借钱花 / 借着花”，但不能说“借着钱花”。

② 组则不同，动$_2$的受事对象都是已经存在的，而不是通过动$_1$的完成才获得的，“动$_1$+ 着”是动$_2$进行的方式或目的。正因为这样，所以其中的动$_1$可以带宾语，如：

炒着鱿鱼吃 / 端着咖啡喝 / 抱着儿子吻 / 捧着老玉米啃

对照①②两组可知，①组的动$_1$都具有“获得性”的语义特征，②组的动$_1$则不具备这个语义特征，即属于非获得性动词。“炒着鱿鱼吃”一定是已有现成的鱿鱼，鱿鱼不是通过“炒”获得的。

显然，误例（1）（2）属于①组，因为这两例中的“找”是获得性动词，“找着”只是表明“找”的动作在持续，并不表明“找”的结果如何。既然如此，那么后边紧接后续动词“喝”和“吃”在语义和事理逻辑上就不能成立了。

学生之所以在“找”的后边加“着”，是因为他们只注意到“找”是持续性动词，没有掌握它在 a 类句型中做第一个动词时所受到的语义和句法限制。

改正方法很简单，即去掉“着”。

第8类

(1)广州来的列车正到着上海站。(佟)

(2)他离开着心爱的岗位，心里怪难受的。(佟)

(3)老余进着屋子，发现屋子里没有人。

(4)刚一听到她的叫声，老爷子就不可思议地开着门。

例(1)(2)(3)中的动词“到”“离开”“进”都是结束性动词(也叫瞬间动词)，即动作发生了也就结束了，发生和结束在时间上是重合的，因此都不能持续，不能带动态助词“着”。这三例中的“着”都应当去掉。其中例(1)的“正”也不能保留，因为表示进行态的“正”与结束性动词“到”在意义上也是矛盾的。去掉“正”和“着”以后，可改成“列车(已经)到(了)/到达(了)上海站”。

例(2)可以只去掉“着”，也可以用“了”代替“着”。例(3)中的“着”只能改用“了”。当然，也可以用动补式，改成“老余走进屋子”。

例(4)与前三例有所不同。“开”是结束性动词，但“开着门”却是完全合法而且经常用的句子。这是因为“开着门”不是指“开”这个动作本身的持续，而是指门“开”了以后的状态的持续，或者说是“开”这个动作结束以后所造成的状态或结果的持续。因此，单看“老爷子不可思议地开着门”没有任何问题。但是，该句前边有先行句“刚一听到她的叫声”，后续句中有“就”与前句的“刚一”照应，说明后续句具有较强的动作性，意在表示动作本身，而不是描写开门以后的状态或结果。因此，该例不应当用“开着门”，而应当用“开了门/开开门/打开(了)门”。

主要参考文献

陈　刚（1980）试论“着”的用法及其与英语进行式的比较，《中国语文》第1期。

戴浩一（1988）时间顺序和汉语的语序，《国外语言学》第1期。

戴浩一（1990、1991）以认知为基础的汉语功能语法刍议，《国外语言学》1990年第4期、1991年第1期连载。

戴耀晶（1991）现代汉语表示持续体的“着”的语义分析，《语言教学与研究》第2期。

邓守信（1985）汉语动词的时间结构，《语言教学与研究》第4期。

林尔康、袁杰（1991）汉语中的体态助词“着”“了”“过”及其在德语中的对应表达形式，《世界汉语教学》第2期。

龚千炎（1991）谈现代汉语的时制表示和时态表达系统，《中国语文》第4期。

郭　锐（1993）汉语动词的过程结构，《中国语文》第6期。

黎天睦（1991）黎天睦论“着”的核心意义（摘要），《国外语言学》第1期。

宋玉柱（1988）存在句中动词后边的“着”和“了”，《语言研究论丛》（第五辑），南开大学出版社。

谢信一（1991、1992）汉语中的时间和意象，《国外语言学》1991年第4期、1992年第1、3期连载。

第十八章 了 18

"了"是动态助词，"用在动词后，主要表示动作的完成"（《现代汉语八百词》第1版第314页）。一般语法书上称之为"了$_1$"，以便与句尾的"了$_2$"相区别。本书不加注明时一律指动态助词。

"了"历来是对外汉语教学中的一个突出难点，自然也是外国人学习汉语的一个突出难点。在我们搜集到的大量偏误实例中，"了"的偏误不仅数量最多（居首位），而且偏误类型也相当多。之所以如此，原因是多方面的。从汉语方面来说，"了"使用频率高，意义高度虚化，用法又十分复杂，语法学界对它的研究还远不够透彻，有许多现象连汉语语法学家也说不清楚。因此，从事对外汉语教学的教师利用现有的研究成果和结论来指导外国学生的语言实践时，往往有捉襟见肘之感。从学生学习汉语这方面来说，由于汉语"了"的一些意义和用法与许多国家学生的母语有许多相近而不完全相同的地方，所以学生用其母语的时态观念来看待汉语的"了"，把母语的时态表达手段套用在汉语的"了"上，造成母语干扰，就不足为怪了。结果是该用而不用，不该用而滥用。

下面分析的偏误类型是最主要的，同时也是在"了"的各类偏误中占比例最大的。

∷ 偏误分析 ∷

第1类

（1）他从上大学开始，一直学了汉语。

（2）我在上大学的时候常常参加了篮球比赛。

（3）我最喜欢的那匹马经常得了冠军。

（4）那时，我一有困难，他总是热情地帮助了我。

（5）在那以前，秋生爱偷了别人的南瓜。

（6）我昨天感冒了，老流了鼻涕。

（7）我来中国以前，几乎每年冬天都得了感冒。

（8）我每年都在外国过了很长时间。

（9）我们一个星期有了五六节课。

例（1）—（4）中有“一直”“经常”“常常”“总是”等词语。这些词语所修饰的动词谓语都具有多次性、反复性、经常性。在这种条件下，谓语动词后边不能有动态助词“了”。例（5）中的“爱偷”就不是偷一次，例（6）中的“老流”就是不断地或多次地流，因此“偷”和“流”的后边也不能有“了”。例（7）（8）中有“每年”，说明后边的动作行为一定具有多次性，同样不能带“了”。例（9）中的“一个星期”不是某一个星期的时间量，而是指每一个星期，后边的动词“有”也不能带“了”。

这些例子中“经常”“每”等词语的存在使谓语具有了“多次性”的意义内容，而“多次性”与“了”表示动作完成的动态意义是矛盾的，这一点也可以证明汉语的动态助词“了”与时间是没有关系的：由于有了经常性或多次性，即使说的是过去完成的事情，动词后边也不能要“了”。

上引各例谓语动词后边的“了”都应当去掉。

但是，如果要叙述一个动作完成以后再出现另一个情况或发生另一个动作，尽管句中有表示多次性的词语，但第一个动词后仍然可以带动态助词“了”。如：

我每天晚上总是复习了旧课再预习新课。

这里的“了”强调的是第一个动作“复习”的完成而不是强调时间，它的意义大致相当于结果补语“完”。

第 2 类

（1）现在，他想念了陆地上的生活。

（2）对这个现象，我抱有了疑问。

（3）我很早以前就盼望了来中国留学。

（4）放假以后，我打算了先到云南旅游。

（5）开始学汉语时，我感觉了汉语语音太难。

“想念”“抱有”“盼望”“打算”“感觉”都是表示人的一种带经常性或持久性的精神状态，不是一般的行为动作动词，“不表具体动作，没有完成意义”[①]。因此后边不应当带动态助词“了”。

例（3）（4）（5）不能成立，除上述原因以外，还因为例（3）（4）中“盼望”和“打算”的宾语是动词性成分，例（5）“感觉”的宾语是小句“汉语语音太难”。在这两种情况下，谓语动词不能带动态助词“了”。这一点，第 3 类专门分析。

---

① 佟慧君（1986）《外国人学汉语病句分析》第 249 页，北京语言学院出版社。

第3类

（1）在我很小的时候，我就发现了我很喜欢中国。

（2）这时，她发现了那个青年人已经走了。

（3）有一天，我问了她爸爸是怎么死的。

（4）我知道了她现在已经不再爱我了。

（5）他判断了屋里没有人，就撬开门进去偷东西。

（6）我听说了他到上海去了。

（7）车夫看见了前边有一个派出所。

在这些例子中，做谓语的“发现”“问”“知道”“判断”“听说”“看见”的后边都带了做宾语的小句。按汉语的规则，带宾语小句的谓语动词的后边一般不应当有动态助词“了”。这些例子中谓语动词后的“了”都应当去掉。

第4类

（1）这时，仙女们劝了他留在这里。

（2）他请求了我原谅他。

（3）老太婆请了金鱼为她造一座新房子。

（4）我二十岁的时候，父母强迫了我跟一个姑娘结婚。

（5）昨天他骂了我是笨蛋。

（6）去年夏天，公司派了我去南方出差。

这些例子中的谓语动词都带了宾语，所带的宾语又正好是其后谓语句的主语。比如，例（1）的谓语“劝”带了受事宾语“他”，而“他”又是后边“留在这里”的主语。“他”兼有宾语和主语这两种功能，可见是兼语句。其他各例都是如此。在这种条件下，前边动词谓语的后边一般不应当带动态助词“了”。这些例子中的“了”都应当去掉。

第 5 类

（1）他去了小卖部买酸奶。

（2）昨天晚上我朋友来了看望我。

（3）上个星期，我们到了郭沫若故居参观。

（4）那天晚上我去了五道口电影院看电影。（佟）

（5）他们想了办法解决这个问题。（佟）

这些句子都是连动句。汉语的连动句有很多种，上引五例仅是其中的一种，即后一个动词或动词词组表示前一个动作行为的目的。当前后两个动作表示这样的意义关系时，前一个动词或动词词组一般情况下不带动态助词“了”。在“语法偏误分析”课上曾有外国学生问这是为什么。我们的回答是：因为前一个动作行为着重表示为后一个动作行为服务，即引出后一个动作所表示的目的或意图，意义的重点不在于第一个动作行为是否完成，或者说是目的意义压倒、超过、淹没了动态意义，因此前一个动作行为是否完结已没有表达的必要了。可见汉语语法范畴的意义之间似乎有一种揖让的关系，有一种以“强”凌“弱”的关系。[①]

第 6 类

（1）王先生摇了扇子走过来。

（2）老汉笑了讲，这小茅屋不是他盖的。

① 最后这句话是北京语言学院的张旺熹先生审阅本书初稿时写的批语。

（3）老王指了前方告诉他们："那儿有人！"

这三例中每个句子前边的动词都表示后一动词的行为方式，并不表示前边动作结束后再出现后边的动作。例（1）不是说王先生"摇扇子"的动作完结或发生以后再接着"走过来"。例（2）不是指老汉"笑"的动作结束以后再"讲"。例（3）更不是"指"完以后再"告诉他们"。实际上，前边的动词表示的是一种伴随意义。在这种情况下，汉语是用"着"而不是用"了"。

第7类

（1）你没写清楚了信封上的地址，当然寄不到。（佟）

（2）过去我没学过了汉语。

（3）昨天我没在那儿等了他。

（4）我想买面包，可我没带来了钱。

（5）如果他们还没死了，那么他们还会高高兴兴地活着。

（6）有一个人画完了，可是别人还没画完了。

（7）将军举起了拐棍，但他控制住了自己，没打了。

这些例子中都有否定词"没"。被否定的动词有的带了动态助词（了$_1$），如例（1）—（4）；有的"了"在句尾，是动态助词兼语气助词（了$_2$），如例（5）—（7）。

正如《现代汉语八百词》所指出的："用'没'的否定句里的动词后面一般不能再有'了'。"（第1版第319页）我们可以这样解释其原因："动词前头有否定副词'没（有）'，表示动作没有实现或完成，动词或动补之后不该用动态助词'了'。"[①] 根据上述分析，上引

① 佟慧君（1986）《外国人学汉语病句分析》第241页，北京语言学院出版社。

各例中受“没”否定的动词或“动词＋补语”后边的“了”都应当去掉。

不过，汉语里有些动词带上“了$_1$”，表示动作有了某种结果，因此“了$_1$”与结果补语的意义相同。这类动词都是单音节的，数量不多（见附录），但口语中使用频率很高。这类动词有一个重要的句法特点：可以在保留“了$_1$”的条件下用“没”来否定。这点也不奇怪：既然“了$_1$”表示结果的意义，那就可以像结果补语一样用“没”来否定。[①]

附录：

吃 忘 丢 关 喝 咽 吞 泼 洒 扔

放 涂 擦 抹 碰 摔 磕 撞 踩 伤

打 杀 宰 切 冲 煮 卖 还 毁 烧

烫 花 撕 扯 倒（dào） 炸（zhà）

第 8 类

（1）我把自行车送了给新入学的同学。

（2）他一进屋就把行李放了在床上。

（3）下午两点多钟，我们乘坐的汽车开了到野麦岭。

（4）今年的女儿节，妈妈把点心寄了到我这儿。

这些例子为什么不能成立，可以从两方面分析：

第一，这些例子中“动词＋了”后边的“给”“在”“到”都是结果补语。结果补语与谓语动词或形容词之间不能插入其他成分，自然也包括动态助词“了”。可见带结果补语的动补结构是直接黏合的。

① 刘月华等（1983）《实用现代汉语语法》第 217 页，外语教学与研究出版社；又见吕叔湘主编（1980）《现代汉语八百词》第 1 版第 316 页，商务印书馆。

第二，由于上述原因，做结果补语的“给”“在”“到”在语音上属于前边的谓语动词，与动词之间不能有语音停顿。因此，从句法上着眼，甚至可以把“送给”等整个儿地看作一个复合动词。

由于上述两方面的原因，上述各例中的“了”都应当移到做结果补语的“给”“在”“到”的后边。

第9类

（1）昨天吃了晚饭以前，我去语言大学了。

（2）来了中国以前，我一句中国话也不会说。（佟）

（3）我们去了工厂以前，已经了解了一点儿工厂的情况。（佟）

（4）他把蛇画完了以前，别的人把蛇画完了。

例（1）—（3）中都有“动词＋了＋宾语＋以前”，例（4）中有“动词＋结果补语＋了＋以前”（宾语“蛇”用“把”提到前边去了）。这些结构段都不成立，因为“了$_1$”和“以前”不能同现。“以前”是指比现在或某一时间早的时间。比如例（4），“画以前”成立，那是指“画”还没有发生，指“画”的动作开始或发生以前的时间。“画完以前”也成立，那是指“画”的动作虽已开始但还没有画完的时间。“画了以前”在语义上不可思议，因为既然是“……以前”，就说明“画”的动作还没有发生，这与“了”表示的完成意义不一致。例（1）—（3）中的“吃了晚饭以前”“来了中国以前”“去了工厂以前”同样如此。如果要表示某个动作取得结果以前的时间，那可用“动词＋结果补语＋以前”，“了”的存在是多余的。

值得注意的是，“以后”在“动词＋了（＋宾语）”和“动词＋结果补语＋了（＋宾语）”后面出现不受限制。如“吃了饭以后”和“吃完了饭以后”都是合法的。

主要参考文献

陈 刚（1989）“没V了”式，《中国语文》第5期。

戴耀晶（1994）论现代汉语现实体的三项语义特征，《复旦学报》（社会科学版）第2期。

林尔康、袁杰（1991）汉语中的体态助词“着”“了”“过”及其在德语中的对应表达形式，《世界汉语教学》第2期。

龚千炎（1991）谈现代汉语的时制表示和时态表达系统，《中国语文》第4期。

郭 锐（1993）汉语动词的过程结构，《中国语文》第6期。

李茉莉（1990）试比较汉语表示完成的动态助词“了”与日语表示完成的“た”，《汉语学习》第3期。

刘勋宁（1988）现代汉语词尾“了”的语法意义，《中国语文》第5期。

刘勋宁（1990）现代汉语句尾“了”的语法意义及其与词尾“了”的联系，《世界汉语教学》第2期。

王 还（1990）再谈现代汉语词尾“了”的语法意义，《中国语文》第3期。

第十九章 过 19

这里的"过"是指动态助词"过"，而不是做结果补语的"过"。前者表示曾经有过某种经历，如：

他曾经来过中国／我以前没学过汉语。

后者表示动作完毕，如：

吃过饭再吃药／刚下过雨就晴天了。

下边凡提到"过"时都是指前者。

外国学生使用"过"出现的偏误，和使用"了""着"的情况比较，相对而言比较简单，而且对具有中高级水平的外国学生来说，偏误类型也比较集中。

∷ 偏误分析 ∷

第1类

（1）那个节目经常播送过。

（2）那时，我虽然没有生活依靠，可是我很爱看书，所以我常常去过书店。

（3）那时，我没有工作，每天都玩儿过。

（4）十层的服务员每天只擦过一次走廊。

（5）一个星期我念过一个钟头的古文。（佟）

（6）有一天，宁采臣去过金华。

（7）有一天，我去过长城。

（8）来中国以前，我有时候看过中国电影。（佟）

例（1）（2）中带“过”的动词前边有“经常”“常常”。例（3）（4）中有“每天”。例（5）中的“一个星期”是指每一个星期。动词前有了这些表示多次性、反复性的词语，后边就不能再带动态助词“过”了。

例（6）（7）中有“有一天”。例（8）中有“有时候”。“有一天”和“有时候”都表示不确定的时间。动词前边有了表不确定时间的词语，后边也不能再带动态助词“过”。

吕叔湘主编的《现代汉语八百词》写道：“这类‘动＋过’都表示过去的事，句子里可以不提时间；如果提时间，必须用指确定时间的词语。”接着举了正误各一个例子：“前年我去过长城／＊有一年，我去过长城”。（第1版第216页）这是一条带有强制性的规则。许多国家的学生用自己母语的时态观念来对待汉语的“过”，认为只要是说过去曾经有过的经历，就一律要在动词后边加上“过”，并不知道或忽略了汉语里使用动态助词“过”的上述规则，因而出现上述偏误。

在汉语里，如果要问一个人“你去过颐和园吗”，可能出现的肯定性的回答形式有以下几种：

[1] 去过。

[2] 经常去。

[3] 去过，经常去。

但就是不能说：

经常（常常）去过／每年都去过／有时候去过／有一天去过。

上引各误例的改正方法很简单：去掉“过”。

第 2 类

（1）上星期，我去过语言大学看朋友。

（2）我来北京以后，一个人去过旅游。

（3）我来过中国旅游三次。

（4）我在医院里已经住了一个星期，可是一个人也没来过看望我。

（5）我到过别的大学继续学习中文。（佟）

这里包含“过”的句子都是连动句。第一个谓语动词分别是“去”“来”和“到”。这些连动句在意义上有一个共同点：第二个动词都是前一个动作行为的目的，句子意义的重点都在第二个动词上。比如，例（1）所要表达的并不是发生过“去语言大学”的动作行为，而是发生过“(去语言大学）看朋友”。在这种条件下，第一个动词“去”“来”“到”的后边不能带“过”，“过”应当放在第二个动词谓语之后。

第 3 类

（1）当兵以前，我在学校广播站当记者过。

（2）我在大学打乒乓球过。

（3）我请假过，我会填请假单。（佟）

（4）我的同屋只顾学习，从来没有谈恋爱过。

（5）自从两年前来到中国，我一次也没有回日本过。

“当记者”“打乒乓球”“请假”“谈恋爱”“回日本”都是由

动词和宾语两部分构成的。在这种动宾结构中，前边的动词部分“当”“打”“请”“谈”“回”和后边的宾语部分结合比较松散，因此，动态助词“过”应当放在这些动词后边，而不应当放在“动词＋宾语”的整体结构后边。

当然，有些动宾结构前后两部分结合很紧，中间不能插入其他成分，如“怀疑”“注意”“钟情”“动员”“关心”等，如果带“过”，则应放在其后。

主要参考文献

林尔康、袁杰（1991）汉语中的体态助词“着”“了”“过”及其在德语中的对应表达形式，《世界汉语教学》第 2 期。

房玉清（1992）动态助词“了”“着”“过”的语义特征及其用法比较，《汉语学习》第 1 期。

龚千炎（1991）谈现代汉语的时制表示和时态表述系统，《中国语文》第 4 期。

郭　锐（1993）汉语动词的过程结构，《中国语文》第 6 期。

孔令达（1986）关于动态助词“过$_1$”和“过$_2$”，《中国语文》第 4 期。

张晓铃（1986）试论“过”与“了”的关系，《语言教学与研究》第 1 期。

第二十章 动词重叠 20

动词重叠是汉语很有特色的语法现象。在逐类介绍、分析外国人在动词重叠方面的偏误以前，有必要先对动词重叠做一个总括的、一般性的介绍。

一、动词重叠的形式：

单音节动词有四种重叠形式，如：

看看　看一看　看了看　看了一看

双音节动词只有两种重叠形式，如：

研究研究　研究了研究。

以下两种重叠形式不存在：

*研究一研究　*研究了一研究

二、动词重叠表示的语法意义：

根据动词本身性质的不同，其重叠形式所表示的语法意义可分为两类：

如果是持续性动词，那么重叠起来表示所持续的时间短，即短时态。这里所说的“短时”，在时间量上是不确定的，要根据动词本身的词汇意义来判断。比如：

太累了，我要躺一躺。

退休以后，我要研究研究佛学。

前例的“躺一躺”自然不会是很长时间，后例的“研究研究”，特别是研究佛学，恐怕就是一个相当长的时间，甚至若干年。

如果是非持续性动词，即瞬间动词，又是可以反复多次进行的，那么重叠起来表示重复的次数少。如：

敲敲门　点点头

“敲”的动作发生了也就结束了，但可以重复进行。“敲敲门”表示“敲”的动作重复进行的次数少，不可能指敲起来没个完。同样，“点点头”表示“点”的动作重复进行的次数少，不会是没完没了地点下去。

以上所说的是动词重叠形式的最基本的语法意义。在具体的使用中，动词重叠往往具有一些不同的表达功能。比如，有的包含有尝试的意义，有的包含有轻松悠闲的意义，有的包含有缓和语气的意义。这些意义都体现了一种感情色彩，是从“短时”“量少”的基本意义派生出来的。

还有一点值得注意：能重叠的动词都是行为动作动词，而且“必须是动作者主观上可以控制的……所谓控制，是指控制动作的进行、停止或进行的时间、次数等”①，这就是自主动词。“自主的持续性动词可以重叠，非自主动词和自主的非持续性动词一般不能重叠。”②

∷ 偏误分析 ∷

第 1 类

A 类：

（1）为了我们的友谊，这次我让步让步。

（2）老板，请把这些文件过目过目。

（3）我们每天晚上都在校园里散步散步。

---

① 刘月华（1984）动词重叠的表达功能及可重叠动词的范围，《语法研究和探索（二）》第 199 页，北京大学出版社。

② 马庆株（1992）《汉语动词和动词性结构》第 35 页，北京语言学院出版社。

（4）老师，我们谈话谈话就回宿舍。

（5）他对我点头了点头就走了。

B类：

（1）有一天，我和她在公园里散散步步。

（2）我们俩在院子里的树下聊聊天天。

这些例子里重叠的“让步、过目、散步、谈话、点头、聊天”都是动宾格的结构，即都是由动词和宾语两部分构成的。汉语里动宾格的结构，除了动词和宾词两部分结合紧密、中间不能插入任何成分的类型（如“关心”“动员”“怀疑”等）以外，其前边的动词部分仍具有动词的句法特点。因此，这类动宾格要重叠也只能重叠其中的动词性部分。比如，A类例（1）的“让步”就只能重叠为“让让步”，其余类推。

B类是把“散步”“聊天”的动词性部分和宾语部分各分别重叠一次。汉语动宾格不存在这种重叠形式。要重叠，也只能重叠动词部分，即“散散步”“聊聊天”。

第2类

A类：

（1）刚才试试的两双鞋都不合适。（佟）

（2）我要讲讲的故事是在美国发生的。

（3）我学习学习的两门外语都没完全掌握。

B类：

（1）我隐隐地听到了敲敲门的声音。

（2）我们去看看展品的三个展览馆都要等一个多小时才可以进去。

C 类：

（1）写写的时候，一定要写清楚。（佟）

（2）他们谈谈的时候，一个瑶族老人来了。

这三类都是动词重叠形式做定语，但各类的情况有所不同：

A 类是动词重叠加上“的”做该动词受事的定语。例（1）“试试的”是“鞋”的定语，例（2）“讲讲的”是“故事”的定语，例（3）“学习学习的”是“外语”的定语。从意义上看,“鞋”“故事”“外语”又都分别是重叠动词的受事宾语。

汉语里及物动词加上“的”组成“的”字结构做受事名词的定语是比较自由的，如：

唱的歌 / 买的书 / 讨论的问题 / 学习的外语

但是在这种“的”字结构中，动词一般是不能重叠的，因此 A 类三例中的动词重叠式改为非重叠式就完全站得住了。

B 类是动词带有受事宾语，再加上“的”组成复杂的“的”字结构做定语。汉语里存在着这种格式。如：

喝药的杯子 / 练习舞蹈的大厅 / 存放自行车的棚子 / 打网球的场地

在这种格式里，动词一般是不能重叠的。B 类两例中的动词重叠式改为非重叠式即可成立。

C 类中重叠的动词“写写”“谈谈”带上“的”做“时候”的定语，这种用法不能成立，因此原例句中不应当用动词的重叠式。这一点不能绝对化。比如，如果动词的前边有其他成分或动词带有宾语的时候，该动词也可以重叠。比如：

小王正要写写心得体会的时候，突然有人找他。

他们俩正准备好好儿谈谈这个问题的时候，不巧老师找他们俩来了。

第3类

（1）他试试带她去赛马场。

（2）队长让战士们看怎么扔手榴弹，然后他们一一地试试扔。（佟）

（3）我想尝尝喝红茶。

（4）有一天，他骑在马上，想了想作一首诗。

（5）她哭一哭着说了她家乡发生的故事。

汉语里动词重叠式不能做状语。这些例子中的“试试”“尝尝”“想了想”“哭一哭”在句子中都是做状语的，因此都不对。

例（1）可改为“他带她去赛马场试试”。

例（2）可改为“……一一地试着扔”。

例（3）中“尝尝”红茶就是“喝”红茶（这是由宾语“茶”的词汇意义决定的），因此可去掉动词“喝”。

例(4)中的“想了想”可改为“想”，这样，“想”就是能愿动词了。

例（5）“哭一哭着”不能成立，可改为“哭着说”。这是因为“哭着”是“说”的状语，是一种伴随动作，表示“说”的方式或“说”时的状态。

第4类

（1）这种饮料，喝前要不要搅搅匀呢？

（2）请你把这个问题说说清楚。

（3）我的房间太脏了，下午我要扫扫干净。

（4）我请我的同屋把这篇文章讲讲明白。

汉语普通话里重叠动词的后边是不允许出现结果补语的，究其原因，大概是这样：动词重叠所表示的语法意义，短时也好，少量也好，都是一种不定的量，或者说具有量的不定性；而结果补语，不论是肯定式还是否定式（上引各列都是结果补语的肯定式），所表示的都是一种确定的结果，这种意义同动词重叠式所表示的意义是不协调的，不一致的。另外，动词重叠在使用中往往带有“尝试”的表达功能。既然是表示尝试，那就是意味着结果尚没出现。从这方面讲，动词重叠式也不能与结果补语同现于一个句子中。

在南方一些方言里，动词（仅限于单音节动词）重叠再带结果补语的情况普遍存在。但这是不符合汉语普通话的语法规范的。

以上各例改正方法很简单，把动词的重叠式改为基本式即可。

第 5 类

A 类：

（1）我让小杰玩儿玩儿几天。

（2）他听了以后呆呆了一会儿。

（3）他听说小麻雀死了，就哭了哭半天。

（4）回国以后，我先在家休息休息几天，然后去我的银行上班。

B 类：

（1）那些汉字我没记住，又写一写很多遍。（佟）

（2）我又找找他一次，还是没找到他。（佟）

（3）请把你的词典借给我用用一下儿。

（4）让我骑骑一下儿你的自行车，好吗？

A 类例子中重叠动词的后边带了时量补语。B 类例子中重叠动词的后边带了动量补语。虽有些区别，但造成偏误的原因却是相同的，因此可一并分析。

前边说过，动词重叠表示短时或少量，就是说，动词重叠本身就已经包含了“量”的意义了。正因为如此，所以在同一个句子中，重叠动词后边就不能再出现表示时量或动量的句法成分了。不管时间（时量）长还是短，次数（动量）多还是少，动词重叠形式与表示时量或动量的成分这两者之间只能取其一，不应当同时出现。

第 6 类

（1）我们现在商量商量有一件事。

（2）我要想一想一个办法。

（3）你应该写写一封信。（佟）

（4）我饿极了，必须立刻吃吃一点儿东西。（佟）

（5）下午我要去买买一本词典。（佟）

1963 年《中国语文》第 1 期上发表了王还先生的《动词重叠》一文。王还先生在文章最后提出了三个需要进一步研究的问题，其中的第三个问题是这样的：

动词重叠后，宾语如有数量词，也必须有指示代词，否则不能有数量词。例如，我们可以说“我去换换这 [一] 件衣服”或“我去换换衣服”，但不能说“我去换换一件衣服”。同样，我们可以说“咱们讨论讨论这两个问题”或“咱们讨论讨论问题”，但不能说“讨论讨论两个问题”。为什么？①

二十多年以后的 1986 年，佟慧君先生在分析外国人在动词重叠

① 王还（1987）《门外偶得集》第 29 页，北京语言学院出版社。

方面的错误时写道："动词重叠后，其宾语前带数量词做定语时，数量词须为确定的。否则，动词不能重叠。"[①]

这种分析是正确的。"我去换换一件衣服""讨论讨论两个问题"之所以不能成立，就是因为出现在重叠动词后边的"一件衣服"和"两个问题"是不确定的。前边加了指示代词"这/那"以后，作为宾语的"数+量+名"结构在整体上就有了确定性。这一条规则也不仅限于"一"和"两"，做重叠动词的宾语的任何"数+量+名"结构，前边都必须有指示代词。否则，动词重叠所表示的量的信息同宾语部分的数量信息就会"相重复而冲突"[②]。

这又是为什么呢？

这大概与动词重叠的基本性质有关。能重叠的都是自主性行为动作动词，这些动词所表示的动作都是动作者有意识进行的。正因为如此，所以重叠动词所涉及的受事对象对动作者来说都应当是一个确定的目标。

第7类

（1）老师，我是你以前教过的学生。我知道你很穷，比我还穷。我留下的120元钱请你收收。

"收"是一次性动作动词。所谓一次性，是指发生一次就结束，不可能重复进行，自然也就不可能用重叠式来表示动作的量。一个人收下120元钱，收了就一次完成，不收就是没有发生"收"的动

① 佟慧君（1986）《外国人学汉语病句分析》第31页，北京语言学院出版社。

② 陆丙甫（1984）从"要谈谈两个问题"等格式为什么不合格谈起，《中国语文通讯》第1期。

作。“收收”与动词重叠式所表示的语法意义是不相符合的。该例可改为“收下”。

但现实生活中有时“收”的动作不是一次性的，如教师对班长说：“请你收收同学们的作业。”因为是向班内每一个同学收作业，“收”的动作是要多次进行的，所以这里的“收”可以重叠。

第8类

（1）我正在休息休息，朋友来了。

（2）他看见一个农民正在跟许多人谈谈有关粮食的问题。（佟）

（3）他们几个人正在热烈地讨论讨论。（佟）

（4）那一天，浦岛太郎在海边，看见一些孩子正在把一只海龟打一打。

（5）他……一直想一想。

（6）他看着这张照片，一直想一想，终于想起来了，这是他以前的老师。

例（1）（2）（3）（4）里动词前边有副词“正在”，表示后边的动作处于进行之中。例（5）（6）里动词前边有副词“一直”，表示后边的动作持续不停地进行。“正在”（以及“正 / 在……呢”）和“一直”与动词重叠表示的短时、量少的意义有矛盾，因此这些例子中的动词“休息”“谈”“讨论”“打”“想”都不应当重叠。

另外，例 (4) 因为是“把”字句，谓语动词不应当改成一个“打”。该例应当用非“把”字句，改成“打一只海龟”。

主要参考文献

刘月华（1984）动词重叠的表达功能及可重叠动词的范围，《语法研究与探索（二）》，北京大学出版社。

陆丙甫（1984）从"要谈谈两个问题"等格式为什么不合格谈起，《中国语文通讯》第1期。

王　还（1987）动词重叠，《门外偶得集》，北京语言学院出版社。

赵　新（1994）动词重叠在使用中的制约因素，《语言教学与研究》第3期。

第二十一章 “连”字句

21

汉语“连”字句是指包含“连……也/都……”结构的句子。它可以是复句，也可以是单句。用于复句的如：

他连小学都没上过，更不用说大学了。

如果不说“更不用说大学了”，则只剩下单句“他连小学都没上过”。单句的使用是经常的，因为它在语义表达上是自足的。至于“连”后边用“也”还是用“都”，几乎没有什么分别。崔希亮先生统计了《水浒传》等十七种作品中的“连”字句，总数为1523例。其中，用“也”的是792例，用“都”的是731例。[①] 如果说有所不同，那就表现在“也”多用于否定句中，“都”则多用于肯定句中。[②]

为了便于分析外国学生的偏误，有必要先从正面介绍一下“连”字句基本的语法意义。

“连”字句基本的语法意义可以归结为以下两点：

1. 表示隐含比较

“连”字句常作为一个分句出现在复句当中。如：

这姑娘连白酒都能喝，啤酒就更能喝了。

这里“白酒”同“啤酒”有一种比较关系，同时也包含在比较的基础上

---

① 崔希亮（1993）汉语“连”字句的语用分析，《中国语文》第2期。

② 朱德熙（1982）《语法讲义》第191页，商务印书馆。

进一层或递进的关系。日常谈话时，也可以只说出“连”字句，把包含比较对象的分句省掉，比如只说“这姑娘连白酒都能喝”，常识告诉人们，这姑娘一定能喝啤酒。但是，当只说“连”字句的时候，白酒和啤酒比较的意义关系、白酒比啤酒更进一层（即“劲儿大”）的意义，是被隐含着的，而没有在话语形式上表现出来。“连”字句所表示的这种语法意义可称作隐含比较意义。

2. 引出极端情况

在“连”字句中，“连”后边引出的事物或行为在说话人看来一般是没有想到的或按一般常识情理不该如此的，但这样的事物或行为竟然出现或发生了，由此可见其程度之高或出乎预料。请对比：

①这姑娘连白酒都能喝。

* 这姑娘连可口可乐都能喝。

②他连死都不怕。

* 他连感冒都不怕。

为什么加“*”的句子不能被人们接受？原因在于可口可乐是什么人都能喝的（当然，这里要把那些专对可口可乐有特殊生理、心理反应的人除外），一个姑娘能喝可口可乐一点儿也不奇怪；感冒是一般人常得的病，不怕感冒谈不上什么勇敢。对比之下，A 中的姑娘能喝白酒和 B 中的“他”不怕死，在一般情况下总是人们预料不到或不该如此的。在 A 和 B 中，“连”的作用就是把这种一般情况下人们想不到、认为不该如此或不可能如此的情况作为极端情况引出来，从而起到了强调的作用。

∷ 偏误分析 ∷

第 1 类

（1）北京的冬天很冷，连雪都下了。

（2）住在这里最叫人不满意的是连夜里也没有洗澡的地方。

例（1）：下雪对于北京的冬天来说是很平常的事，不是表明北京冬天寒冷的极端情况。因此，不能用下雪来强调或形容北京冬天天气的寒冷。

例（2）：夜里没有洗澡的地方（这个学生实际上是要说留学生楼里夜间不供应洗澡用的热水）对一般的中国人来说，并不会使人特别难以忍受。另外，“夜里”的时间范围也不太明确。如果指明“晚上睡觉前”则此句成立。由此可见，“连”引出的内容是不是极端情况，决定于说话人的主观认识或价值观念。同一个事物，能不能作为“连”字引出的极端情况，交谈双方的评价可能不同。

第2类

（1）他对妻子连一句也没说体贴的话。

（2）我连一封都不给他写信。

（3）卢卡最近连一支都没有抽烟。

（4）我以前连一次也没有参加过运动会。

（5）我来北京以后到现在，连一次都没去过颐和园。

《现代汉语八百词》在介绍“连＋数量”的用法时说：“数词限于‘一’，谓语限于否定式。”（第1版第326页）这里所说的“数词限于‘一’”，应该是指绝大多数情况。不用“一”的情况偶尔也有。如：

他连十块钱都拿不出来，别说一千了。

十年前我学过一点儿法语，现在连半句也不会说了。

上引五例中“连”的后边都是数词“一”，而且谓语都是否定形式。但这五例都不能成立。通过分析不难发现，这五例的动词谓语后边都带了受事宾语，这是“连＋数词＋谓语”的格式所不能允许的。为什么呢？

请比较以下三种格式：

① 他连一句也没说。

② 他连一句话也没说。

③ * 他连一句也没说话。

在①式里,“说”的受事宾语是被“一句”暗含着的，因为“一句”就是指“一句话”。

在②式里,“说”的受事宾语“话”表达出来了,“一句话”由“连”字引出。

在③式里，“说”的前边有“连”字引出的“一句”，后边又有受事宾语“话”。可是，由于前边的“一句”在语义上就是指“一句话”，后边“说”再带上“话”，这样，“说”的前边和后边都出现了受事对象，这在语义关系上和语法关系上都是无法解释的，因此不对。

各例改正方法如下：

（1）a. 他对妻子连一句体贴的话也没说。

b. 他对妻子没说一句体贴的话。

（2）我连一封信都不给他写。

（3）a. 卢卡最近连一支烟都没有抽。

b. 卢卡最近没有抽一支烟。

（4）a. 我以前连一次运动会也没有参加过。

b. 我以前没参加过一次运动会。

（5）a. 我来北京以后到现在，连一次颐和园都没去过。

b. 我来北京以后到现在，没去过一次颐和园。

第3类

（1）连大饭店的点心不如这儿的。

（2）古代汉语，连中国人难学，何况我们外国人。

（3）连苏州不如北京有这么多好看的风景。

（4）我爸爸心脏有病，连啤酒不喝。

这些例子中“连＋名词”的后边、谓语部分前边都缺少“都”或者“也”。这些例子都应当有“都”或者“也”。

据观察，当外国学生达到中等以上汉语水平时，这类句法结构方面的偏误就越来越少见了。

在“连……也/都……”结构中用“也”还是用“都”的选择问题上，马真先生在《说“也”》一文中有一段论述涉及“连”字句：

① 连他也来了。

② 连他都来了。

“……这并不是说‘都’就等于‘也’。用‘也’还是用‘都’反映了两种不同的说话角度。用‘也’是说最不可能来的‘他’竟和一般人一样，来了。‘也’在这里表示在‘来了’这一点上类同。用‘都’是举出一类中最不可能来的‘他’为代表，强调说明这一类无一例外地全来了。”[①]

马真先生的观点对认清“连……也……”和“连……都……”的不同，是很有启发意义的。

---

① 马真（1982）说“也”，《中国语文》第4期；又见陆俭明、马真（1985）《现代汉语虚词散论》，北京大学出版社。

主要参考文献

崔希亮（1990）试论关联形式"连……也/都……"的多重语言信息，《世界汉语教学》第3期。

崔希亮（1993）汉语"连"字句的语用分析，《中国语文》第2期。

丁雪欢（1994）"连"字句的逆反性考察，《语文研究》第3期。

沈开木（1988）"表示强调"的"连"字所涉及的形式同内容的矛盾，《语法研究与探索（四）》，北京大学出版社。

邢福义（1986）反递句式，《中国语文》第1期。

邢公畹主编（1992）《现代汉语教程》，南开大学出版社。

肖奚强（1992）"连"字歧义句补议，《汉语学习》第1期。

周小兵（1990）汉语"连"字句，《中国语文》第4期。

[法] Marie — Claude Paris（1981）汉语普通话中的"连……也/都……"，罗慎仪节译，《国外语言学》第3期。

[日] 高桥弥守彦（1987）关于"连……也/都……"格式的一些问题，《第二届国际汉语教学讨论会论文选》，北京语言学院出版社。

第二十二章 “使”字兼语句

22

这里所说的“使”字兼语句，是指以动词“使”为第一谓语的兼语句，比如“这样的计划会使企业破产”“你的话使我很高兴”。下文把句首主语称作大主语，把谓语“使”的宾语即兼语称作小主语，兼语的谓语称作小谓语。其格式为：

大主语 + 使 + 小主语 + 小谓语

下文将其简称为“使”字句。

“使”字句是外国学生错误率比较高的一种句式。之所以如此，大致有以下几个原因：

第一，无论是在口语中还是在书面语中（尤其是在书面语中），“使”字句的使用频率都很高；

第二，外国学生常常把“使”字与口语中用得很多的“叫”和“让”完全等同起来，他们在许多该用“叫”或“让”的地方都用“使”；

第三，与汉语工具书的释义方式有关系。

“使”字句在对外汉语语法教学的安排中出现较晚。这也许是外国学生“使”字句偏误主要出现在中高级阶段的一个原因。

事实证明，学生的汉语水平不同，即使是同一个语法项目，出现的偏误类型也会不完全一致。比如以下各例在中高级阶段就很少见。

他的话使我们很大的教育。

参观访问使我们很大的收获。

冬天使这些建筑一层浅灰色。

老师使班长考试的通知。

这个消息使高兴极了。

这里各方面使都我们很满意。

下文所分析的实例来自英、俄、德、意、日、韩、捷、泰八个国家的具有中高级汉语水平的学生。这里分析的几种偏误类型是最主要的、比例最大的，同时也是对多国学生具有一致性的。

∷ 偏误分析 ∷

第 1 类

（1）老师使我擦一擦黑板。

（2）老师使我们作文。

（3）我使他做这件事。

（4）他使我去商店买东西。

（5）我使他去负责这件事。

（6）公司使他去日本。

（7）他的爸爸使他学习。

（8）王老师使他学习中文。

（9）管树的部门使人去看一看。

（10）我使他去打听情况。

（11）父母不使我看无聊的书。

（12）工会干部使我们访问一般工人的家庭。

（13）秦始皇使大臣修长城。

（14）母亲使聂小倩住她家。

（15）他只会使人做这做那，自己从来不干。

一个中国人一下子就能做出正确判断：这些例子中的“使”都应当改用“叫”“让”或其他具有使令意义的动词，如“派”“派遣”“打发”“支使”“命令”“请”等等。这些例子为什么不能成立，可以从以下几个方面来考察原因：

第一，从“使”字句的整个格局来看其整体意义。比如下列正面例子：

你的话使我难过。

骄傲使人落后，虚心使人进步。

好的计划能使工作进展顺利。

看书能使人聪明。

他使我办不成这件事。

他的技术使我佩服。

昨天的事使他情绪有些波动。

在这些例子中，大主语可以是人，可以是物，也可以是动作行为。兼语后边的小谓语不论是动词还是形容词（最后一例的小谓语是主谓短语“情绪有些波动”），所表示的意义都是大主语给小主语（兼语）带来的某种结果，或者说，大主语是给小主语带来这个结果的原因或条件。因此，从整个句子的格局来看，这种句子都含有致使意义。凡是符合这个条件的就可以用“使”字句，口语中还可以用“叫”或“让”。凡不表示致使、没有结果意义的，就不能用“使”，而只能用表示使令意义的“叫”“让”“请”“派”等动词。

上边各误例中的“使”实际上表示的都是使令意义而不是致使意义，更没有导致某种结果的意义。

第二，从“使”字句的小谓语来考察。先看由动词充当小谓语的。

比较：

①*爸爸使他学习。

爸爸使他没办法学习。

爸爸使他能够学习下去。

爸爸想了很多办法，使他学习得比谁都好。

②*公司使他去日本。

公司使他能顺利地去日本。

公司使他去不了日本。

公司帮了他很多忙，使他放心地去日本。

加“*”的例子中小谓语前无状语，后无补语，仅仅是单个动词，这两例都没有致使意义。从句子的格局看不出由于某种原因或条件给小主语带来某种结果的意义，“学习”和“去”本身也不含有结果意义（对比“使企业破产”中的动词“破产”，后者明显具有结果意义），所以加“*”的都不能成立。

其他各例都含有致使和结果的意义，故都是正确的。这些例子中有的大主语后、小谓语前有表示条件或原因的词语，有的小谓语后有补语，可以把这些成分看作是表示结果意义的形式标志。

再看看由形容词充当小谓语的“使”字句。我们知道，形容词表示的性质或状态都是相对的、可比较的、具有可变性的。因此在“大主语 + 使 + 小主语 + 小谓语（形）”这个格式中，由形容词充当的小谓语一定具有 [-A → A] 这个语义特征。“使我难过”就一定是指“我”由不难过变得难过。“老张的话使小王糊涂”一定是说小王由不糊涂变糊涂。这里的“难过”和“糊涂”所表示的就是一种变化以后的结果。正是由于这个原因，形容词才可以单独在“使”字句中做小谓语。

这类偏误的出现一方面跟外国学生不能区分“使”与“叫”“让”有关系，同时也是汉语的一些工具书释义方式影响的结果。比如，《现代汉语词典》第5版和《现代汉语八百词》第1版都用“致使；叫；让”来解释“使”。这对汉族人当然没有问题，可是对外国人来说就有点儿麻烦了。由于他们汉语水平不高，汉语语感不强，对“致使”这样抽象的提法普遍有理解上的困难，于是就只剩下用“使”来代替“叫”“让”这种可能了。另外，《现代汉语词典》第5版在解释“使”的第一个义项时写道：“派遣；支使。”举例中有一个是“使人去打听消息”（第1241页）。这种用法在现代汉语（尤其是口语）中的合法性是值得怀疑的。有的高级汉语教程选用了鲁迅先生的《藤野先生》做课文。该文中有一句话“他使助手来叫我了”。用现代汉语普通话的语法规范来衡量，这句话是“不规范”[①]的。孟琮等所编《动词用法词典》在解释动词“使”时就没有立“派遣；支使”的义项。在“语法偏误分析”课上，许多国家的学生都说，他们的很多误例就是看了词典上“使人去打听消息”的例句和“致使；叫；让”的解释以后写出来的。他们还都坦率地承认，对“致使”这个提法的真正含义并没有真正理解，就只好把“使”“叫”“让”无条件等同起来。

第2类

（1）这种情况使我去中国学习。

（2）今天的天气使我去香山玩儿一玩儿。

（3）在香港生活的环境使我学习广东话。

（4）北京的冬天太冷，使我们在宿舍里。

（5）学习汉语使我买一本好词典。

① 李菊先（1992）关于中、高级对外汉语教材的思考，《世界汉语教学》第4期。

（6）李老师的话使我研究汉语语法。

这六个例子来自英、意、日、韩四国学生。这些例子有以下几个特点：

[1]“使”都没有“派、派遣、打发、支使”的意义；

[2] 小谓语都是表示具体行为动作的动词，前边没有状语，后边没有补语；

[3] 大主语多为名词，但都不是指人的，例（5）的大主语是动宾短语“学习汉语”。

综合观察这些句子的整体格局可以看出，这些句子的大主语都是给小主语提供一种环境、条件，或者对小主语提出一种客观要求，这种环境、条件或要求就使小主语应该或不得不做某事、有必要或有可能做某事。根据这样的语义内容，改正方法可以有以下几种：一是小谓语前边或者有状语，或者有能愿动词；二是后边有补语或其他词语，以表达相应的语义内容。

第 3 类

（1）哥哥嫂子对他很不好，使他从家里赶走。

（2）一阵电话铃声使她弄醒了。

（3）那个金发女郎使我迷住了。

（4）春暖花开的季节使同学们引诱到香山。

（5）那个姑娘使小伙子吸引了。

这些例子有以下共同点：

[1]“使”后边的小谓语“赶”“弄”“迷”“引诱”“吸引”都是及物动词；

[2]“赶走”“弄醒”“迷住”“引诱到”都是及物动词带补语

的形式，例（5）的“吸引”后边没有补语，但是有“了”；

[3]“使”的宾语“他”“她”“我”“同学们”“小伙子”在意义上都是后边动词的受事对象；

[4] 这些句子所表示的，都是大主语给“使”的宾语带来某种变化或使其产生某个结果。

这几个特点正好符合“把”字句的要求，因此这些“使”字句改为“把”字句都十分自然。实际上学生也正是用“使”代替了“把”。

外国学生为什么会出现这样的偏误呢？

第一，从“使”字句的角度看，外国学生之所以会出现这样的问题，是由于他们忽视了（或者说没有掌握）“使”字句的一个本质性的特征：“使”的宾语必须是后边动词或形容词的主语。对照误例来看，例（1）中实际上发出“赶”这个动作的主体不是“他”，而是“哥哥和嫂子”；例（2）中“弄”的主语不是“她”而是“一阵电话铃声”。其余三例类推。这就在根本上违反了“使”字兼语句的规则。

第二，从“把”字句的角度来看，“把”字句又叫“处置式”，即表示对“把”的宾语的一种“处置”。所谓“处置”的意思是：“句中谓语动词所表示的动作对‘把’字介引的对象施加某种积极的影响，从而使得该对象发生某种变化，产生某种结果，或处于某种状态。”① 现在的问题是：即使是这样可取的界定，外国学生也容易把它同“使”字句表示的意义混同起来（请对照第1部分对“使”字句意义的论述）。《现代汉语词典》第5版解释“使”的“让；叫；致使”意义时举的一个例子是：

土地改革使农民从封建剥削制度下解放了出来。

这个句子的“使”换成“把”完全成立。这是为什么呢？因为

① 宋玉柱（1992）《现代汉语语法基本知识》第117页，语文出版社。

“使”字句的意义与“把”字句的意义在一定程度上相同，或者说具有一定的同一性：都是“使对象发生某种变化，产生某种结果，或处于某种状态”。但这种相同或同一性是有限度的。实际上，上引例句用“使”和用“把”性质完全不同：用“把”时，全句的主语是“土地改革”，“解放”是它的动词谓语，“农民”是“解放”的受事对象；如用“使”，那么“农民”就成了“使”的受事宾语，“解放”就是“农民”的谓语，是农民自己实现解放的行动。这样，虽然性质不同，但是用“把”和用“使”在语义上都能各自成立。

上引第 3 类偏误中的例句与这个例子不同：农民可以自己实现解放，或者说农民可以自己解放自己，所以可以用“使”；但误例（1）中的“他”却不能赶走他自己，所以不能用“使”而只能用“把”。误例用了“使”以后，语义关系就完全不能成立了。学生之所以这样用，看来是把相近而不相同的语法意义视为同一了。

主要参考文献

邓守信、廖秋忠（1991）汉语使成式的语义，《国外语言学》第 3 期。

刘月华等（1983）《实用现代汉语语法》，外语教学与研究出版社。

吕叔湘主编（1980）《现代汉语八百词》第 1 版，商务印书馆。

孟　琮等编（1987）《动词用法词典》，上海辞书出版社。

宋玉柱（1992）《现代汉语语法基本知识》，语文出版社。

佟慧君编（1986）《外国人学汉语病句分析》，北京语言学院出版社。

邢福义（1987）论意会主语“使”字句，《语法问题探讨集》，湖北教育出版社。

中国社会科学院语言研究所词典编辑室编（2005）《现代汉语词典》第 5 版，商务印书馆。

朱德熙（1982）《语法讲义》，商务印书馆。

第二十三章 “比”字句

23

汉语里比较的方式，从大的方面来看，可以分成两大类：一类是比较事物、性状的异同；一类是比较性质或程度的差别、高低。每一大类中又各包含一些不同的比较格式。这里所说的“比”字句，是指表示比较性质、程度的差别或高低的各种格式里的一种，即用介词“比”的句子，其格式为：A 比 B + 谓语。

∷ 偏误分析 ∷

第 1 类

（1）现在，中国青年喜欢的音乐比日本青年相同。

（2）我的汉语水平比以前差不多。

（3）那里教中文的方法比国立大学不同。

（4）他的房子比我的不一样。

（5）在中国，农民的生活比城市人大不一样。

（6）猫比狗不一样，容易变心。

（7）那位老师讲课的方法比别的老师不同。

这些例子都是用来比较事物或性质的异同的，具体点说，是比较事物或性质相同还是不相同，一样还是不一样。要表示这样的比较意义，汉语里是不用“比”字句的，应该用下面的格式：

肯定式：A 跟 B 一样 / 相同。

否定式：A 跟 B 不一样 / 不相同 / 不同。

例（2）中的“差不多”是接近相同、接近一样的意思，也是比异同的。

这一类属于句式选用的偏误。改正方法是把句中的“比”字改成“跟”字，也可以改成“和”字或“同”字。文言味再浓点儿，也可用“与”。

第 2 类

（1）今天比昨天很冷。

（2）她织布的技术比其他人很高。

（3）要知道，小鸟的寿命比人很短。

（4）他觉得参加补习班比在车间里干活很舒服。

（5）北京的冬天比日本名古屋十分冷。

（6）在北京买衣服比在德国太便宜。

（7）口语和听力水平，他们比我太高。

（8）我现在比刚来北京时非常忙。

这些例子共同的特点是在谓语形容词前边都有表示程度高的副词，如“很”“十分”“太”“非常”。这不符合汉语“比”字句的规则。汉语里如果要用“比”字句，而且要表明差异或高低的具体程度，可以在形容词后边加上程度补语。这有两种形式，以例（1）为例，或者用“得”字连接补语，说成“今天比昨天冷得多（了）”；或者不用“得”，直接在形容词“冷”后加上补语，比如可以说成“今天比昨天冷多了”。其余类推。

学生为什么会在“比”字句的谓语形容词前边加上“很”等程度副词呢？仅从汉语内部着眼，这是类推造成的过度泛化。学生早就知道在形容词（这里只指性质形容词，不包括“雪白、铁青、漆黑”等状态形容词）前边加“很”等是很自由的，在谓语形容词前加上“很”等更是自由的（在没有对照句存在的时候，谓语形容前边加上“很”等甚至是带有强制性的）。学生把这种观念或习惯不加区别地用于形容词做谓语的“比”字句，就容易很自然地在这些形容词谓语前加“很”等程度副词，偏误由此而产生。

需要补充说明的是，除了上边提到的“很”“十分”“太”“非常”以外，程度副词中“极”“极其”“挺”“怪”“顶”“格外”“相当”“多”“多么”“比较”等都不能在“比”字句中做状语。但是，“更”“更加”“稍”“稍微”“略微”则不受此限制。

（9）他的发音比别的同学最好。

（10）晚上的一分钟小说辅导课比白天的课最有意思。

“最”是最常用的一个程度副词，其用法之一是在对两个或两个以上事物进行比较的基础上，或者说是经过比较以后，根据比较的结果，单独提出达到顶点、极端或居于首位的一方。可见“最”着眼于比较以后单个的比较项。因此，凡有“最”做状语的句子一定不能再同时出现比较项；凡有比较项做状语的“比”字句一定不能再出现做状语的“最”。①

这两例中的“最”都不应当出现。

如果要强调某个比较项是达到顶点或极端的，就可以拿该项做主语，用“最＋谓语”对主语进行描写。句式有两种：

① 陆俭明、马真（1985）《现代汉语虚词散论》第16页，北京大学出版社。

A 跟 B 相比，A+ 最 + 谓语

比起 B 来 / 跟 B 比起来，A+ 最 + 谓语

这样，例（9）就可以改成：

跟别的同学相比，他的发音最好。

或：比起别的同学来 / 跟别的同学比起来，他的发音最好。

例（10）依此类推。

第 3 类

A 类：

（1）我比我姐姐不好看。

（2）我的成绩比日本同学不好。

这些例子都涉及“比”字句的否定形式问题。在一般情况下，“A 比 B + 谓语”的否定形式是把否定词“不”放在“比”字的前边，构成“A 不比 B + 谓语”的格式。按照这个规则，这两例中的“不”都应当移到“比”的前边去。[①]

但是，在口语中，如果谓语形容词表示说话人所不希望的性质或状态，那么，“不”既可以放在“比”字之前，也可以放在“比”字之后，两种句式是等价的。比如：

他不比你丑 = 他比你不丑

我不比你差 = 我比你不差

他不比你弱 = 他比你不弱

我不比你慢 = 我比你不慢

① 日本学者相原茂认为“A 比 B + 谓语”的否定式为“A 没有 B + 谓语”，“不比”型和“没有”型的意义是不同的。见相原茂（1992）汉语比较句的两种否定形式——“不比”型和“没有”型，《语言教学与研究》第 3 期。

我们这条路比你那棵树的价值不会小。（常利民:《枯树》）

周小兵在《“比”字句否定式的语用分析》一文中列举了“比”字句的四种否定形式，其中的第三类“A 比 B 不 + VP”，举例有（原序号）：

（8）你还小哪？你站这儿比我也不矮呀。（高德明）

（9）我能吃能玩儿会享受。——我比你也不差。（王朔）

（10）他虽然是我学徒，可水平比专家也不低。

B 类：

（1）我还记得，每次上课的时候，你来得比谁早，然后在楼道里抽着烟等我们。

（2）他只在星期天收拾屋子。到那天，他的屋子比谁的屋子整齐。

当“比”字句后项是疑问代词时，有两种情况：

[1] 如果疑问代词不表示疑问而表示任指，后边应当有副词“都”。比如：

他比谁都聪明 / 这儿比哪儿都安静 / 这比什么都好。

上引两例“比”字句后边有疑问代词“谁”和“谁（的屋子）”，又都是一种任指用法，不表示疑问，因此应当分别改成“你来得比谁都早”“他的屋子比谁的屋子都整齐”。

[2] 如果句子表示反问，“不”应当放在疑问代词的后面。比如：

那个淹死小妞子的龙须沟，它比谁不厉害！（《老舍文集》第 11 卷第 127 页）

杉村博文先生也注意到了这种情况，并举例（原序号）：

（1—27）此话一出，全场愕然。赵晓梅的工作量究竟是多少，龙力比谁不清楚？（陈冲）

（1—28）要有一副麻将，三个牌友，凑成一桌，玩儿它个半宵，比看什么电视节目不强？（刘心武）[1]

主要参考文献

刘月华等（1983）《实用现代汉语语法》，外语教学与研究出版社。

陆俭明、马真（1985）《现代汉语虚词散论》，北京大学出版社。

吕叔湘主编（1980）《现代汉语八百词》第1版，商务印书馆。

相原茂（1922）汉语比较句的两种否定形式——“不比”型和“没有”型，《语言教学与研究》第3期。

周小兵（1944）“比”字句否定形式的语用分析，载邵敬敏主编《语法研究与语法应用》，北京语言学院出版社。

① 杉村博文（1993）处置与遭遇——再论S（把），见大河内康宪主编、施光亨副主编《日本近、现代汉语研究论文选》第264页，北京语言学院出版社。

第二十四章 “把”字句

24

“把”字句是外国人学汉语过程中最感头痛的一个问题，同时也是教学中的一个“老大难”问题。这种情况的出现，一方面是因为现代汉语语法研究在“把”字句问题上还没有为对外汉语教学提供足够的、现成的成果；另一方面是因为“把”字句太特殊，为世界上许多语言所没有。在这种情况下，外国人学习“把”字句最大的困惑表现在两个方面：第一，不能准确地把握“把”字句表达的语法意义；第二，不能正确地掌握“把”字句在实际运用时的句法、语义和语用的限制规则。这两方面都有问题，偏误出现得多就一点儿也不奇怪了。外国学生总是强烈地希望教师明确告诉他们：在什么情况下一定要用“把”字句，在什么情况下一定不能用。可是，教师在“把”字句问题上最为难的恰恰就是很难明确地回答这两个问题。这里主要涉及的是“把”字句的语法意义。意义决定结构，内容制约形式。因此，可把学生的要求归结为一句话：表达什么样的意义内容时才能使用某种具体形式的“把”字句？事实证明，许多在结构形式上表现出来的偏误归根到底是由于学生没有准确把握“把”字句的意义。因此，外国人要学好“把”字句，准确掌握它的意义是个关键。

关于“把”字句的语法意义，影响最大的是“处置”说。比如“他把玻璃杯摔破了”这个“把”字句，就体现了“他”对“玻璃杯”的处置，即“摔破”。对这种提法，语法学家们虽然一直有不同的看法，但至今仍然没能找到一个更理想的提法来代替它。在对外国人的语法教学中也是如此。尤其值得注意的是，外国人对“处置”这个概念本身就很难理解，因为它太概括。外国人没有或很少有汉语语感，面对“处置”这样过于概括、抽象的提法，会感到无所适从。因此，他们就容易类推，许多相近而不相同的意义都用“把”字句来表示，这样就造成了许多形式的偏误，或者是“畏而远之”，该用而又不敢用，造成“把”字句的回避现象。基于上述情况，教师教“把”字句时，在开始阶段可以不从讲解“处置”这个概念入手，而从抽象概括程度不太高、稍微有些具体性的次类意义范畴入手。这样做，就意味着将“把”字句的意义加以分化，分出它一个个的语义特征（或者叫语义类型）。教学就从这一个个的语义类型开始。吕文华先生在《“把”字句的语义类型及教学》一文中说：“解决‘把’字句教学的根本途径是要揭示‘把’字句的语义特征，使学生掌握表达什么意义时必须用‘把’字句，同时还要指出使用‘把’字句的语境背景，使学生掌握在什么情况下用‘把’字句。”① 接着，该文从语义分析入手，结合形式特征对“把”字句做了类型划分，分出六种语义类型。这是从教学方面考虑的。作为学习者，外国学生在学习“把”字句时也就不必首先纠缠于“处置”意义，最好是逐类地理解具有不同语义特征的“把”字句。等学生的水平提高了以后再做适当的意义概括。不过，当学生的汉语水平和语感高到能正确理解“处置”意义时，他们也就在实践上掌握了“把”字句，偏误也就不会再出现了。

下面分析的偏误类型是从十几个国家的具有中等以上汉语水平的外国学生的近五百个误例中筛选出来的，每一种偏误类型或多或少对不同国家的学生来说都具有共同性。这些分析力图集中说明一点：外国人在“把”字句问题上表现出来的种种偏误，大都是由于没有真正理解“把”字句的语法意义。

---

① 吕文华（1994）“把”字句的语义类型及教学，见其所著《对外汉语教学语法探索》第 174—185 页，语文出版社。

∷ 偏误分析 ∷

1.“把”字句中光杆儿动词不能做谓语

（1）请你把这封信寄。

（2）她气愤地说：“我恨不得把他杀！”

（3）你把这辆自行车买吧。

（4）聂小倩请求宁采臣把她从苦海里救。

（5）我们要把很难的技术学。

（6）你应该把自己的东西收拾。

（7）我们把这个困难的问题讨论吧。

（8）我们应该把野生动物保护。

（9）宁采臣想：“我要把这块金子处理。”

（10）护士长严厉地把我批评。

这些“把”字句中的谓语都是动词的简单形式，即光杆儿动词。其中，例（1）—（5）的谓语是单音节动词，例（6）—（10）的谓语是双音节动词。在我们所搜集到的所有误例中，这一类数量最多。

光杆儿动词不能在“把”字句中做谓语。为什么？要回答这个问题，还得从“把”字句的意义谈起。

根据吕文华、张旺熹两位先生对1094个“把”字句的分类统计，有近一半的“把”字句表示某确定的事物因动作而发生某种变化，产生某种结果，这类“把”字句数量占第一位；其次是表示某确定的事物因动作而发生位移或关系的转移；第三类是表示动作以某种方式与某确定的事物发生联系。仅这三类就占了1094个例子中的 86%。[①] 这些语义内容都要求“把”字句的谓语动词本身不能是个简单形式：要表示结果或变化，动词后边就应当有表示该意义的结果补语或趋向补语（趋向也是一种结果，是在趋向方面的结果）；要表示位移或关系的转移，动词后边就应当有表示这种位移或关系转移的相应词语；要表示动作的某种方式，谓语动词前就应当有表示此类意义的词语形式。总之，“把”字句表达意义的这种需要决定了“把”字句中的谓语动词不可能是个光杆儿的形式，在动词前后（主要是在动词后）应当有相应的词语来表示与动词有联系的其他相关意义。“动词前后的成分……才具有积极的性质，才是近代汉语里发展这个‘把’字句式的推动力。”[②] 外国学生不了解这类语义内容对句法结构形式的要求，所以就会出现大量这类偏误。这类偏误的表现形式是结构不完整，根本原因在于对“把”字句的意义不了解。

有一类双音节动词的光杆儿形式可以做“把”字句的谓语，如：

扩大　缩小　延长　缩短　提高　降低　改正

看穿　看破　看透　放大　打开　打倒　打通

打破　推动　推翻　说明　证明　升高　澄清

撤消　切除　驳倒　冲淡　分开　充满　扼死

减少　抓紧　吞没　放松　端正

不难看出，这些双音节动词都是“动词＋补语”的结构。因为结构本身包含了结果意义，或者说在意义上是自足的，所以这些双音节动词可直接在“把”字句中做谓语而无前后的其他成分。比如，“你应当把问题澄清”“我要把汉语水平提高”，这里的“清”和“高”就

① 吕文华（1994）“把”字句的语义类型及教学，见其所著《对外汉语教学语法探索》第 174—185 页，语文出版社。

② 吕叔湘（1990）《吕叔湘文集》第 2 卷第 182 页，商务印书馆。

分别表示动词“澄”和“提”的结果，这正好符合上面提到的规则。

2. 几类不能在“把”字句中做谓语的谓词

A 类：不及物动词

（1）风把我的自行车倒了。

（2）我把刚买的杯子破了。

（3）我把从昆明买回来的礼物坏了。

（4）妈妈把小杰心爱的小麻雀死了。

（5）到夜里十二点多，我才把作业完了。

这些“把”字句中的谓语“倒、破、坏、死、完”都是不及物动词，不是前边主语发出的动作行为，而是主语的某个动作行为的结果，因此这些词常常做动词后边的结果补语。汉语没有真正意义的形态，没有区分及物动词和不及物动词的形态标志，一般的汉语词典也不做这方面的说明。这就给外国学生区分及物动词和不及物动词造成了困难。而准确地判断一个动词是否是及物动词，是能否使用“把”字句的一个前提条件。没有这个前提，就必然出现混乱，就会把表示动作结果的词语（如“倒、破、坏、死、完”）当作主语所进行的动作行为本身，造成偏误。

上引各误例的改正方法是在“倒”等不及物动词前加上及物动词谓语。比如，可依次改为：(1) ……吹 / 刮倒了；(2) ……碰 / 摔破了；(3) ……碰 / 摔坏了；(4) ……弄死了；(5) ……做 / 写完了。

B 类：形容词

（1）对不起，我把你的申请书脏了。

（2）老师，请您把字大一点儿。

（3）我把这件事明明白白。

（4）女同学每天都把宿舍干干净净。

“脏”和“大”是性质形容词，“明明白白”和“干干净净”是状态形容词。[①] 这些形容词都不能表示主语对“申请书”“字”“这件事”“宿舍”施加的动作行为，都不具备做“把”字句的谓语的资格。按照误例的语义，在汉语里，“脏”和“大”这样的性质形容词应当体现为动作的结果，做结果补语，如可说成“弄脏了”“写大一点儿”；“明明白白”和“干干净净”这类双音节形容词的重叠式应当表现为“这件事”和“宿舍”接受某个动作以后呈现的状态，做状态补语，如可说成“弄得明明白白”“收拾得干干净净”。

C 类：关系动词

（1）她还没有把那本词典有吗？

（2）每个人都把这些樱花树是中日友好的象征。

（3）我要把它成为自己盾牌的标志。

（4）我打算把中国出版的《企业破产法》成俄文。

这些“把”字句中的谓语“有”“是”“成为”“成”都是关系动词。“关系动词的词汇意义一般比较抽象，其主要作用是联系主语和宾语，表示主语与宾语之间存在某种关系。”[②] 这就是说，关系动词不表示行为动作。正因为如此，所以关系动词不能做“把”字句的谓语。例（1）的正确说法应当是“她还没有那本词典吗”。

例（2）中的“是”也是关系动词，同“有”一样不能做“把”字句的谓语。但是，例（2）（3）（4）却又必须用“把”字句，因此得有条件，应当另有动词，构成：

$$主语 + 把 + 宾语_1 + 动词 + 成（做）+ 宾语_2$$

---

① 朱德熙（1982）《语法讲义》第 73 页，商务印书馆。

② 刘月华等（1983）《实用现代汉语语法》第 96—97 页，外语教学与研究出版社。

这种“把”字句有两种语义类型：一种是通过主语（主体）的动作行为使宾语$_1$变为宾语$_2$，如“我们把荒地建成花园”；另一种是表示主语把宾语$_1$认同为宾语$_2$，如“我把他当成老乡了”。①在这两类“把”字句中，“成”一定不能做谓语，谓语必须是另外的动词，“成”做它的结果补语，而且它后边必须带宾语$_2$。

这样看来，例（2）（3）都表示认同意义，可分别改成：

每个人都把这些樱花树当成（看成、当作、看作）中日友好的象征。

我要把它当成（看成、当作、看作）自己盾牌的标志。

例（4）显然是通过主语“我”的劳动，中文版的《企业破产法》才能变成俄文版的，所以应当在“成”前加上谓语动词“译”或“翻译”。

D 类：趋向动词（一）

（1）我至今还没把西藏去过。

（2）我三年多只把家回过一次。

（3）我早就把泰山来过了。

“去”“回”“来”都是趋向动词。“趋向动词虽然表示动作，是动作性动词，但是没有处置性，因而也不能构成‘把’字句”。②例如：

我去北京→ * 我把北京去。

他上楼了→ * 他把楼上了。

误例中的“去、回、来”的动作本身不可能对表示处所的“西藏”“家”“泰山”施加什么影响或使它发生什么变化，不可能给它带

① 吕文华 (1994)《对外汉语教学语法探索》第 177 页，语文出版社。

② 宋玉柱 (1992)《现代汉语语法基本知识》第 12 页，语文出版社。

来什么结果。可见是句子的语义内容决定了不应当使用“把”字句。

上引各例改正为：

（1）我至今还没去过西藏。

（2）我三年多只回过一次家。

（3）我早就来过泰山了。

E类：趋向动词（二）

（1）将军把儿子进治疗室。

（2）他没有把汽车进城。

（3）按照规定，不可以把照相机进里边。

（4）我把箱子进去了。

（5）我先把你进去。

（6）他把一台新买的电视机上去了。

这些例子中的“进、进去、上去”都是趋向动词。与D类相比，该类的特点是“把”的宾语“儿子、汽车、照相机、箱子、你、电视机”都不表示处所，而是表示事物或人的名词或代词，是在某个动作支配或影响下发生位移的受事对象。我们知道，“把”字的宾语应当是谓语动词的受事对象，这是“把”字句中最基本的语义关系。用这一点来对照，上引各例在语义关系上都是不正确的。实际上，学生的真实意思，比如例（1），只能是：将军通过某个动作行为使儿子实现“进治疗室”的动作。其余各例同此。这样就可以发现，这些例子之所以不对，是因为缺少了表示主语行为的动词谓语，误把做补语的趋向动词“进、进去、上去”当作谓语动词了。

改正的办法是补出谓语动词。比如：

（1）将军把儿子送（带、领）进治疗室。

（2）他没有把汽车开进城。

（3）……不可以把照相机带进里边。

（4）我把箱子送（带、拎、提……）进去了。

（5）我先把你送（带、领……）进去。

（6）他把一台新买的电视机搬上去了。

F 类： 认知、感受动词

（1）苏林教授把事情的全部经过知道了

（2）教师把我的态度注意了一下。

（3）我把这个道理懂了。

（4）小杰把小麻雀以为自己的朋友。

（5）因为我们把农民只见了几次，所以我们对他们每日的生活了解得比较肤浅。（佟）

一部分表示人的认知、意愿和心理感受的动词不能做“把”字句的谓语。引例中的“知道”“注意”“懂”“以为”“见”就属此类，故不能成立。属于此类的其他常用动词还有：

赞成　赞同　同意　拥护　同情　相信　要求　觉得

感到　感觉　希望　主张　喜欢　怀疑　愿意　热爱

觉悟　后悔　担心　明白　看见　听见　爱　信　怨

这些动词不能做“把”字句的谓语，很可能与这些动词的动作性不强有关系。

以上五例可依次改为：

（1）苏林教授知道了事情的全部经过。

（2）老师注意了一下我的态度。

（3）我把这个道理弄懂了。

（4）小杰把小麻雀当成自己的朋友。

（5）因为我们只跟农民见了几次面，所以我们对他们每日的生活了解得比较肤浅。

G 类：动宾格

（1）你把我的朋友见面了没有？

（2）有一天，新来的局长把脚负伤了。

（3）有一天，很多工人包围了他，把他受伤了。

（4）很多英雄把自己的生命投身于革命事业。

（5）我不是画家，不能把美丽的西双版纳写生。

这些例子中的“见面”“负伤”“受伤”“投身”“写生”都是“动词+名词”结构，从而构成：

把+名词$_1$+动词+名词$_2$

汉语有这种“把”字句，但是有限制条件，可分为四类：[1] 名词$_2$是名词$_1$的一部分或属于名词$_1$，如“把书卖掉三本 / 把苹果削了皮儿 / 把他撤了职”；[2] 名词$_2$是名词$_1$的结果，如“把沙漠改造成良田 / 把这本书译成中文 / 把他当作好朋友”；[3] 名词$_1$和名词$_2$是双宾语，如“把这事告诉他 / 把钱还（给）你 / 把案件通报全厂”；[4] 名词$_1$是动作的处所，或动作造成的结果（名词$_2$）留在名词$_1$上，如“把大门上了锁 / 把衣服烧了个洞 / 把墙挖了个大窟窿”。由此可见，在一般情况下，由于“把”的宾语（名词$_1$）在意义上是句子谓语的受事对象，所以谓语后边不会再有宾语(名词$_2$)。如有宾语，那它与名词$_1$之间就应当有某种限制性的语义关系。上引各例都不符合这个条件，所以都不能成立。

以上各例可分别改成：

（1）你见我朋友的面了没有？

或：你和我的朋友见面了没有？

（2）……新来的局长脚负伤了。

或：……新来的局长把脚碰伤了。

（3）……很多工人包围了他，把他打伤了。

（4）很多英雄把自己的生命献给革命事业。

或：很多英雄投身于革命事业。

（5）……不能给美丽的西双版纳写生。

3. 否定副词的位置

（1）我把小杰养麻雀的事没告诉护士长。

（2）我把今天的课没预习好。

（3）他们决定把小倩的事不告诉宁采臣的妻子。

（4）这里把粮票不给农民。

（5）把外国的东西不必直接照搬到中国来。

（6）我们把这次旅行的安排没有委托旅行社。

在“把”字句中，如果有否定副词“不”和“没/没有”（包括“不必”），那么它应当出现在“把”字之前而不应当在其后。以上各例中的否定副词都应当移到“把”字前边。

“把”字句在使用上的这一条结构限制规则是明显地受语义制约的。薛凤生在解释这一条规则时写道：“既然谓语动词描述的是某种特定行动使‘把’字的宾语变成某种特定状态，那么我们就只能对宾语的状态进行明确的说明，不能空泛地说它不处于某一状态。因为那样就等于说某一特定行动的结果使宾语变成不定的状态，这显然是不合常理的，必须把否定词放在‘把’之前。”[①] 这种解释是中肯的。“把”字句中的谓语动词对“把”的宾语施加的影响是积极的。因此，汉族人在交际中，当接收到“主语＋把＋宾语”这个结构段时，对后

① 薛凤生（1987）试论“把”字句的语义特性，《语言教学与研究》第1期。

边即将出现的动词的心理期待一定是肯定的。如果“把＋宾语”后边出现否定副词，那就同发话者选择“把”字句的语义要求不一致了，受话者也会感到出乎预料。

在口语中，特别是在一些习惯上已经固定的格式里，否定副词可以出现在“把”字后。例如：

（1）他把我不放在眼里。

（2）把人家的“光阴”不当回事，我看是一大公害，也是一种落后和愚昧。

（3）批评行为主义理论把人的言语行为与动物的行为不加区分，这种看法是对的。[①]

4. 关于几类补语的问题

A 类：可能补语

（1）我把这本书看得懂。

（2）我一小时把这些练习做得完。

（3）我把你的箱子打得开。

（4）我把母亲的话永远忘不了。

（5）我把老师的笔迹看不懂。

（6）有一天，我把自己的感情控制不住，就去找她。

这些“把”字句的动词谓语后边都带了可能补语，其中，例（1）—（3）是可能补语的肯定式，例（4）—（6）是可能补语的否定式。

顾名思义，可能补语表示一种可能性。具体地说，无论肯定式还是否定式，可能补语表示的都是主观或客观条件是否允许实现某种结果或变化。而“把”字句的语义表示的是通过动作的实现给“把”

① 该例引自常宝儒《汉语语言心理学》第 105—106 页的用例。

的宾语带来某种确定的结果或变化。可见，“把”字句的这个最基本的语义要求同可能补语的意义是矛盾的，所以“把”字与可能补语不能在一个句子里同现。因此上引各例都不能成立。

这些例子的改正方法有两种：

其一，如果要保留可能补语，那就不用“把”字句。这样，原例中“把”的宾语或者放在最后，组成“动词＋可能补语＋宾语”的格式，如例（1）就可改成“我看得懂这本书”；或者用原例“把”的宾语做主谓谓语句的大主语，组成“大主语＋小主语＋动词＋可能补语”的格式，这样，例（1）就可改成“这本书我看得懂”。其余各例依此类推。但例（6）只有前一种改法。

其二，如果要保留“把”字句的句式，那就不能出现可能补语，要在“把”字前加上“能”（“能够”“可以”）。这样，例（1）就可改成“我能（能够、可以）把这本书看懂”。例（2）（3）也可以这样改。前三例因为是肯定式，这样改表示有主观能力或客观条件去做某件事。例（4）—（6）因为是可能补语的否定式，不宜改用“不能”“不能够”“不可以”，这就意味着不能保留“把”字句，可依次改成：

（4）我永远忘不了母亲的话。

（5）我看不懂老师的笔迹。

（6）有一天，我控制不住自己的感情，就去找她。

B类：结果补语和状态补语

（1）我把他的话听烦了。

（2）孩子们把故事听高兴了。（佟）

（3）我把中文学得很努力。（佟）

（4）他把练习做得很认真。（佟）

（5）母亲把荆棘抱得从她胸脯上流出了鲜血。

例（1）（2）动词后边的“烦了”“高兴了”是结果补语，例（3）—（5）动词谓语后边是带“得”的状态补语。这些例子都不对，是因为补语的语义指向不符合例子本身所表达的意义。

先看动词谓语后带结果补语的例子。结果补语表示动作或变化所产生的结果。在“把”字句中，结果补语在意义上是指向“把”的宾语的，即谓语动词给“把”的宾语带来的结果或变化。因此在有结果补语的“把”字句里一般包含两个表述。比如，“我把衣服洗干净了”就包含着“我把衣服洗了”和“衣服干净了”这两个表述。可是在例（1）中，结果补语“烦了”只能是指主语“我”，而不可能指“把”的宾语“话”，因为“话”和“烦了”不能构成符合事理逻辑的表述，“话……烦了”是完全不能成立的。同样，例（2）中的结果补语“高兴了”只能是指主语“孩子们”，而不可能指“把”的宾语“故事”，因为“故事”和“高兴了”不能构成合乎情理的表述，“故事……高兴了”是完全不通的。

根据以上分析，例（1）（2）可分别改成：

（1）我听他的话听烦了。

我听他的话听得很烦。

（2）孩子们听故事听高兴了。

孩子们听故事听得很高兴。

再来看带状态补语的例（3）—（5）。在这些例子中，谓语后边都有带“得”字的状态补语。按照鲁健骥先生对状态补语的分类，这种状态补语“是对‘把’字宾语的描写或评价”[1]。如“烟把他熏得直

① 鲁健骥（1993）状态补语的句法、语义、语用分析在教学中的应用，《语言教学与研究》第2期第25页。

流眼泪”“大家把她说得抬不起头来”，这里的“直流眼泪”指向“他”，是“他”被熏以后出现的状态，“抬不起头来”指向“她”，是“她”被大家说了以后出现的状态。

对照一下不难发现，例（3）—（5）中状态补语的语义指向都出了问题：

例（3）（4）中的“很努力”和“很认真”只能分别指向主语“我”和“他”，而不能指向“把”的宾语“中文”和“练习”。

例（5）中的“从她胸脯上流出了鲜血”只能指向主语“母亲”，而不能指向“把”的宾语“荆棘”。

例（3）—（5）可分别改为：

（3）我学中文学得很努力。

我中文学得很努力。

（4）他做练习做得很认真。

他练习做得很认真。

（5）母亲抱荆棘抱得从她胸脯上流出了鲜血。

C类：表状态意义的趋向补语“起来”

（1）他把歌儿唱起来。

（2）说完，他就把那壶酒喝起来。

（3）她们把饭团子吃起来。

（4）警察和乘务员把旅客的行李检查起来。

（5）技术员把那台机器修起来。

（6）我把这本小说看起来。

这些“把”字句有以下共同点：

[1] 谓语动词都是可持续动词；

[2] 谓语后边有“起来”；

[3]“起来”的意义显然与方向无关，是表示动作行为在时间上的展开和延续，是一种状态意义。

这种状态意义是从一般所谓的趋向补语的意义中划分出来的，可称之为表状态意义的趋向补语。

表示这样的意义，在汉语里是不能用“把”字句的。究其原因，据刘月华先生解释，是因为这种意义“表示一种在说话人看来是不知不觉开始的状态”[①]。这种解释可供参考。

这些例子的改正方法是不用“把”字句，将误例中“把”的宾语直接放在“起”和“来”的中间。如例（1）就可改为“他唱起歌儿来”。其余类推。

D 类： 把＋宾语＋动词＋在＋处所

在这种格式里，动词后边的“在”是结果补语。因为比较特殊，所以没有放在 B 类里分析。先看例句：

（1）我把饺子吃在学校食堂。

（2）我把水果买在回家的路上。

（3）上星期六，我把饭店住在东京的国际空港。

（4）地震的时候，我们把饭吃在帐篷里。（佟）

这些例子有以下共同点：

[1] 主语“我”“我们”都是后面谓语的行为动作主体。

[2] 谓语都是及物动词。

[3] 谓语后边都有“在＋处所”。

[4] 句尾的处所都是前边谓语动词进行或发生的地点：“吃”发

---

① 刘月华（1988）趋向补语的语法意义，《语法研究和探索（四）》第 85 页，北京大学出版社。

生在“学校食堂”，“买”发生在“回家的路上”，“住”发生在“东京国际空港”，“吃”发生在“帐篷里”。

[5]“把”的宾语在谓语发生或进行以前就已经存在于句尾的处所中了：学校食堂里本来就有饺子，回家的路上有水果卖，东京国际空港有饭店，饭本来就在帐篷里。

上引各例可描写成下面的公式：

主语＋把＋ O ＋ V ＋在＋处所

在汉语里，这个格式中一定要包含这样的语义特征：主语通过动作行为（V）使处所中原来不具有的事物（O）存留于该处所中。[①]如“我把行李放在宿舍”，宿舍里原来没有行李，由于“放”的结果，行李存在于宿舍里。上引各误例表面形式上符合这个公式，但是都完全不具备上述语义特征。比如例（1），不可能由于“吃”的结果饺子存在于学校食堂，因为“学校食堂”的词汇意义决定了饺子本来就在其内。“我把饺子吃在肚子里”为什么成立？因为肚子里原来没有饺子，经过“吃”的动作，饺子才存在于肚子里。

上引误例（1）在对外汉语教学界是颇为有名的经典性误例。例（2）和例（3）分别来自意大利和日本学生。例（4）转引自佟慧君先生所著的《外国人学汉语病句分析》（第154页）。母语完全不同的学生却出现了完全相同的偏误，这说明不了解这类“把”字句的语义特征是他们出现此类偏误的共同的、直接的原因。

既然原例不具备上述句式应有的语义特征，那就不应当用“把”字句。实际上，各例中的“在＋处所”只是句中动作行为发生的处所，按汉语的规则，应当做状语。这样，以上各例就应分别改为：

① 金立鑫（1993）“把OV在L”的语义、句法、语用分析，《中国语文》第5期。

（1）我在学校食堂吃饺子。

（2）我在回家的路上买水果。

（3）上星期六，我在东京的国际空港住饭店。

（4）地震的时候，我们在帐篷里吃饭。

5. 其他

A 类：“把”与“给”

（1）我把他介绍了我们祖国近来的情况。

（2）她把她爱人写信。

（3）他把中国同学教英语。

（4）公司老板把不听话的工人穿小鞋。

（5）他把自己的母校献了三十九棵樱花树。

表面上看，这些例子都符合上文第二部分 G 类里概括出来的句式，即：

$$把 + 名词_1 + 动词 + 名词_2$$

不仅如此，这些例子中的名词$_1$和名词$_2$的确是动词的双宾语，好像与第二部分 G 类格式的第［3］类语义关系相同。可实际上两者完全不同：第［3］类“把”字句中的名词$_1$都是谓语动词的受事对象，意义上是直接宾语，名词$_2$是名词$_1$的接受者，意义上是间接宾语；这里的五个例子情况正好相反，都让间接宾语占据了直接宾语的位置，做“把”的宾语，完全不符合上述句式所要求的名词$_1$与名词$_2$之间应有的语义关系。

以上例（1）—（5）应当分别改成：

（1）我给（向）他介绍了我们祖国近来的情况。

（2）她给她爱人写信。

（3）他给中国同学教英语／他教中国同学英语。

（4）公司老板给不听话的工人穿小鞋。

（5）他给（向）自己的母校献了三十九棵樱花树。

B类："把"与"用""拿"

（1）宁采臣把新布包起小倩的骸骨。

（2）我上学期把很多时间追一个女同学。

（3）姑娘把高跟鞋踩了他的脚。

（4）他把笔写了几句话。

（5）他会把筷子吃饭。

（6）女医生把X光给病人照相。

这些例子中的"把"是"用""拿"的意思。"用"和"拿"表示做某事凭借的工具或手段，如"用钢笔写字""拿书包装水果"。

"汉语里的介词……几乎全都是由动词变来的"[①]，具体地讲，是由动词虚化变成的。虚化是一个很长的历史过程。直到今天，在普通话里，不同的介词虚化的程度往往有差别，有高有低。"用"和"拿"的虚化程度要比"把"低一些，多多少少还有些动词的具体性（正因为如此，所以"用"和"拿"应该算动词还是介词，语法学家的意见并不完全一致）。"把"在普通话里已完成了虚化的过程，只是在南方一些方言里还保留着动词意义。不过，就是在普通话里，"把"偶尔也多少有"用"或"拿"的意思。比如，《义勇军进行曲》的一句歌词"把我们的血肉筑成我们新的长城"，这里的"把"就可以理解成"用"或"拿"。

这类偏误出现的直接原因是外国学生没能很好地理解"把"高度虚化的语法意义，于是就赋予了它比较具体的意义。

---

① 吕叔湘（1979）《汉语语法分析问题》第39页，商务印书馆。

上述误例的改正方法都是将“把”字改成“用”或“拿”。例(5)还可将“把”改成“使”。

C类:“把”与“对”“向”

(1)我把他大叫一声。

(2)公安局把人民宣布了交通规则。

(3)正在这时，一滴松脂把苍蝇的身上滴下来。

这三例中“把”的宾语“他”“人民”“苍蝇的身上”都是后边谓语动词的动作方向或动作涉及的对象，不应该用作“把”的宾语。例(1)的“把”可改用“向”“朝”“对”“冲”。例(2)的“把”可改用“向”。例(3)的“把”可改用“朝”“向”。

D类:“把”与“叫”“让”,“把”与“使”

(1)小杰把麻雀在他手指上跳来跳去。

(2)我不能把你白来。

(3)老师把学生们写一篇短文。

(4)她得了重病，我们应该把她住院。

(5)我把朋友陪我去机场。

(6)江南的水土把她长成美女。

(7)他的话把大家哄笑起来。

(8)这个句末助词把句子带有积极的、断定的作用。

这些例子有一个突出的共同特点:“把”字的宾语都是后边谓语动词或动词性结构的行为主体。如果把这些“把”的宾语称作小主语，“把”字前边的主语就可称作大主语。这样，这些例子就构成了如下句式：

大主语+把+小主语+谓语

显然，这不符合一般“把”字句的要求，或者说，这些句子根本不应当用“把”字。那么，应当用什么呢？要回答这个问题，还得求助于意义的分析，特别是注意从句子的整个格局来分析其意义。

例（1）—（5）中的大主语对小主语都有使令意义。表达这样的意义关系，汉语里不是用“把”，而应当用动词“叫”或“让”，例（4）还可用“送”，例（5）还可用“请”“要求”等。

例（6）—（8）中的大主语对小主语没有使令意义，只有致使意义。所谓致使意义，是指大主语（“江南的水土”“他的话”“这个句末助词”）给小主语提供了一种条件或环境，这种条件或环境就使小主语有可能或不得不发生某种变化，产生某种结果，出现某种状态。汉语里要表达这样的意义，不应当用“把”，也不应当用“叫”或“让”，而应当用动词“使”。

上引各例中的“把”字改用“叫”“让”和“使”以后，就是典型的兼语句。

主要参考文献

陈建民（1986）《现代汉语句型论》，语文出版社。

程相文、周翠琳（1992）“把”字句的课堂教学，《世界汉语教学》第 4 期。

黄振英（1989）“把”字句教学中的两个问题，《世界汉语教学》第 1 期。

季永兴（1981）“把”字句管窥，《中国语文通讯》第 6 期。

金立鑫（1993）“把 OV 在 L”的语义、句法、语用分析，《中国语文》第 5 期。

李芳杰（1993）“给”作“把”用例析，《汉语语法和规范问题研究》，武汉大学出版社。

刘月华等（1983）《实用现代汉语语法》，外语教学与研究出版社。

陆俭明、马真（1985）《现代汉语虚词散论》，北京大学出版社。

吕叔湘主编（1980）《现代汉语八百词》第 1 版，商务印书馆。

吕文华（1994）《对外汉语教学语法探索》，语文出版社。
马希文（1987）与动结式动词有关的某些句式，《中国语文》第6期。
梅祖麟（1990）唐宋处置式的来源，《中国语文》第3期。
潘文娱（1978）对“把”字句的进一步探讨，《语言教学与研究》第3期。
杉村博文（1993）处置与遭遇——再论S（把），见大河内康宪主编《日本近、现代汉语研究论文选》，北京语言学院出版社。
宋玉柱（1992）《现代汉语语法基本知识》，语文出版社。
佟慧君（1986）《外国人学汉语病句分析》，北京语言学院出版社。
王 还（1984）《“把”字句和“被”字句》，上海教育出版社。另见王还（1994）《门外偶得集》（增订本），北京语言学院出版社。
王 惠（1993）“把”字句中的“了/着/过”，《汉语学习》第1期。
薛凤生（1987）试论“把”字句的语义特性，《语言教学与研究》第1期。
薛凤生（1994）“把”字句和“被”字句的结构意义——真的表示“处置”和“被动”？，见戴浩一、薛凤生主编《功能主义与汉语语法》，北京语言学院出版社。
杨庆蕙主编（1993）《现代汉语正误辞典》，北京师范大学出版社。
雨兹、郑懿德（1978）“把”字句研究概况，《语言教学与研究》第3期。
詹开第（1984）“把”字句谓语中动作的方向，《语法研究与探索（二）》，北京大学出版社。
张旺熹（1991）“把字结构”的语义及其语用分析，《语言教学与研究》第3期。

第二十五章 被动句

25

汉语的被动句有两种类型：一种是有被动形式标志的，即用介词“被”“叫”“让”“给”以及“为……所”结构表示被动，这一类习惯上以介词“被”为代表，统称为“被”字句；另一类是没有被动形式标志的，即句子中不用上述几种形式手段，但表示的是被动意义，这一类句子习惯上称作意义上的被动句、意念被动句或简单被动句。

关于“被”字的性质，传统上是把它看作介词的，对外国人的语法教学也一向如此。近年来，有的语法学家根据介词必带宾语而“被”字的宾语有时可省去不说这一个特点，认为“被”不应当归为介词，而应当把它看作是构成被动句的助词。[①] 这种观点不无道理，值得认真对待。不过这毕竟是个理论问题，我们在这里仍沿袭过去普遍承认的观点，把“被”当作介词。

被动句是汉语里一种特殊的动词谓语句，结构和意义都十分复杂，与许多外语的被动形式比较起来又有许多重要特点，因此，历来是外国人学习汉语时的一个突出难点，不仅偏误数量大，而且偏误类型也多。同时，这些偏误对母语不同的学生也具有较大的一致性。

---

① 李临定（1992）从简单到复杂的分析方法——结果补语句构造分析，《世界汉语教学》第3期。

∷ 偏误分析 ∷

1. 关于意念被动句的偏误

在所有被动句的各类偏误中，这是数量最多的一类。

上文说意念被动句是一种没有被动形式标志的被动句，因为这是一种动作行为的受事客体充当主语的句子，因此也可称之为受事主语句。

据观察，许多国家的学生关于施事和受事、主动和被动的观念是比较强的，不仅印欧语系国家的学生如此，就是东方的韩国学生、日本学生也是如此。在他们看来，如果一个句子表示被动的语态，那就应当有表示这个语态的某种标志或手段。基于这样的认识，汉语的意念被动句在他们那里就都成了有标志的被动句，即“被”字句。如：

（1）运动会上星期被举行了。

（2）终于，我编的书被出版了。

（3）我的作业被做完了。

（4）那些汉字被写完了。

（5）那间小草房是被她们盖的。

（6）这首诗是不是被他写的？

（7）我们昨天晚上看的话剧是被曹禺先生写的。

（8）这双旧皮鞋是被北京第二皮鞋厂制造的。

（9）我们每星期的四节汉语课是被中国老师教的。

（10）这些工艺品都是被一个有名的人制作的。

（11）衣服是被妈妈洗的。

这些例子分别来自操英语、法语、德语、意大利语、日语、瑞典语、韩国语的外国留学生。例（1）—（4）是一般的受事主语句，句中“被”字的后边没有出现动词谓语的主体（即“被”的宾语）。例（5）—（11）都用了“是……的”句，看来学生是想用这种句型来强调施事者，这同这类“被”字句的作用是一致的。[①]“是……的”的中间是个主谓短语，谓语动词意义上的受事就是全句的主语，该谓语的主体（施事）由“被”字引出。

这些例子都不应当用“被”字句，而应当直接把“被”字去掉。为什么呢？

可以从以下几个方面来说明：

[1]“被”作为介词，是从动词虚化而来的，其本义最早是“披”，后引申为“覆盖”，进而引申为“蒙受、遭受”。“这种语义上的独特之处，使汉语‘被’字句于被动意义之外，一开始就多了一层不幸、不如意、不愉快、有所损害的语义色彩。这个语义色彩长期存在，沿用至今，‘五四’以后才稍稍打破。”[②]就是说，“五四”新文化运动以后，由于受西方语言的影响，“被”字句突破了过去的限制，可用于表使人高兴、如意的内容，“被”字句也比以前多了些。但是，第一，与主动句相比，“被”字句的使用频率相对而言仍然低得多；第二，在相对来说比较少的“被”字句中，表不如意的情况仍然占多数，这种情形在口语中尤为明显。据统计，老舍的《骆驼祥子》中有“被”字句百余个，其中九例出现在对话中，全部是表示不愉快的；赵树理的《三里湾》前五十页中仅有五个“被”字句，其中有四个是表示不愉快的；柳青的《创业史》前六十页中有九个“被”字句，其中有六个是表示不愉快的。[③]这是汉语“被”字句的一个重要特点。

---

① 刘月华等（1983）《实用现代汉语语法》第488页，外语教学与研究出版社。

② 李珊（1994）《现代汉语被字句研究》第17—19页，北京大学出版社。

③ 王还（1994）《门外偶得集》（增订本）第146页，北京语言学院出版社。

对比之下不难发现，前引所有误例都不具有不幸、不如意的语义色彩，因此不应当用“被”字句。

[2] 正如王还先生所说：“决定‘被’字句能否运用最关键的是动词。能用于‘被’字句的动词都是有处置性的，就是说动词必须是代表发自某人、某物的一种有意识的或无意识的动作，对另一人物有所影响的。”① 这种有处置性的动词，赵元任在《汉语口语语法》一书中就径直称之为“处置动词”（第312页）。上引各例中的谓语动词，如例（5）—（11）中“是……的”中间的主谓短语里的谓语动词都不是处置动词，因此全句不表示处置意义。从这方面看，这些例子也不应当用“被”字句。

[3]“被”字句既然表处置，就应当有处置的结果，“被”字句动词谓语后边多有附带成分，原因就在于此。误例（1）（2）动词谓语后有“了”，例（3）（4）动词谓语后有结果补语“完”和助词“了”。这四例虽符合此条要求，但因不符合[1][2]两条要求，故不成立。例（5）—（11）“被”后边的动词都没有表示结果的后附成分，动词本身也不含结果意义，因此也都不对。如例（11），如果“洗”后有补语（“衣服是被妈妈洗破的”）就可以成立。

[4]“被”字句与受事主语句的表达功能是不同的：“被”字句主要运用于叙述，受事主语句则常常用来说明情况或描写状态。② 上引各例都不是叙述某对象受某个动作行为影响产生什么结果，而是对一个个对象的说明或描写。从这方面看，这些例子也同样不应当用“被”字句。

---

① 王还（1994）《门外偶得集》（增订本）第148页，北京语言学院出版社。

② 龚千炎（1980）现代汉语里的受事主语句，《中国语文》第5期第338—339页。

王还先生在列举汉语中可能译成英语被动句的句式时谈到了“是……的”句：“有许多英语的被动句，用来回答或解释某事物是什么时候、什么地点、怎么样、由什么人做的等等，总之可以回答一切 wh-questions 的被动句，以及这种疑问句，这些在汉语一概不用‘被’字句，而用‘是……的’句。”接着举的例子中有：

《北京人》是谁写的？

《北京人》是曹禺写的。[1]

由此不难看出，例（5）—（11）这些“被”字句的出现是受学生母语干扰的结果。

总之，在汉语里，当没有必要强调被动意义的时候，只要不致发生误解，一般多用受事主语句，如“自行车骑走了 / 水果卖光了”。如果需要再现行为动作的主体，则有两个办法：一种是把主体放在受事主语之后，说成“自行车我骑走了 / 水果他卖光了”，即构成主语为受事的主谓谓语句；第二个办法就是用“被”字句，如“自行车被我骑走了 / 水果被他卖光了”。

要运用“被”字句，自然要符合“被”字句的句法、语义和语用规则，否则就会出现关于“被”字句的偏误。

2. 关于“被”字句的偏误

第 1 类

（1）这棵树被倒了。

（2）那个国家的政府被人民倒了。

---

① 王还（1994）《门外偶得集》（增订本）第 145 页，北京语言学院出版社。

（3）茶杯被破了。

（4）他的朋友是被野兽死的。

（5）这个电视机被小孩儿坏了。

（6）过了一会儿，他被奇怪的声音醒了。

（7）我害怕下雪时被感冒。

（8）敌人被我们投降了。

汉语“被”字句最基本的特点之一是句子的主语为谓语动词的受事。反过来说，“被”字句的谓语动词一定是能带宾语的及物动词。否则，怎么会有做主语的受事成分呢？

用这一点来对照上引各例不难发现，这些句子中的谓语都是不及物动词，“倒”“破”“死”“坏”“醒”“感冒”“投降”都不能带受事宾语，因此都不具备在“被”字句中做谓语的资格。

例（8）的“投降”可以带名词宾语，如可以说“投降敌人”，但“敌人”属于对象宾语①，同“消灭敌人”中的受事宾语“敌人”地位是不同的，因此它也不能带受事宾语。

改正方法：

例（1）—（6）可根据实际内容的表达需要在原有的不及物动词前边加上相应的及物动词，让原不及物动词做结果补语。比如：

（1）……吹倒 / 砍倒 / 推倒 / 碰倒……

（2）……打倒 / 推倒……

（3）……碰破 / 摔破 / 压破 / 挤破……

（4）……咬死 / 吓死……

（5）……碰坏 / 用坏 / 摔坏……

① 孟琮等编（1987）《动词用法词典》第 758 页，上海辞书出版社。

(6) ……惊醒 / 吓醒 / 闹醒 / 弄醒……

例（7）的“感冒”既可以单独做谓语，也可以做宾语，习惯上常用“得感冒”“患感冒”。

例（8）因为是“我们”接受“敌人”的投降，“我们”不是“投降”的主体而是“投降”的关涉对象，因此应当改成“敌人投降我们了”，或者用介词“向”引出关涉对象，说成“敌人向我们投降了”。

第 2 类

A 类：

（1）我们大家都被他上当了。

（2）我们被他们的石头受伤了。

（3）孩子被母亲睡觉了。

（4）我被他的计划入迷了。

（5）他被教师回家了。

（6）上星期我们出去玩儿的时候，没想到被下雨了。

这些例子的谓语“上当、受伤、睡觉、入迷、回家、下雨”都是动宾格结构，这种结构在绝大多数情况下是不能带宾语的（详见 B 类）。从这方面看，这些结构都属于不及物动词，没有受事宾语。没有受事宾语，又怎么会出现受事成分做主语的“被”字句呢？所以，从实质上看，这一类与上面第 1 类偏误的性质和原因是相同的。

改正为：

（1）……都被他骗了 / 都上了他的当了。

（2）……被他们的石头砸伤了 / 打伤了……

（3）……被母亲哄睡了。

（4）我被他的计划迷住了。

（5）他被老师送回家了 / 赶回家了。

（6）……没想到被雨淋了 / 没想到下雨了。

B 类：

（1）她被医生告诉了重病。

（2）每个英国儿童都被父母告诉了这个故事。

（3）我们被老师教中文。（佟）

（4）他被我写信了。

（5）现在，小孩儿被列车员缝扣子。（佟）

（6）我们被领导讲了学校的情况。（佟）

从结构上看，"被"字句的谓语动词有时可以带宾语，但限于以下几种情况：

a. 宾语和句子主语有领属关系，如：

他被偷了钱包 / 书被弄脏了一本。

b. 宾语是主语受动词支配、影响而达到的结果，如：

他被当作英雄了 / 操场被改造成花园了。

c. 主语是动作发生或进行的处所，如：

脸被抹上了油彩 / 墙被挖了一个洞。

d. 动词和宾语是习惯上的固定结构，如：

他被坏人打了嘴巴 / 车带被人放了气。①

对照一下不难发现，例（1）—（6）与 a、b、c、d 四类中的任何一类都不相符合。就句子的主语与动词的关系而言，这些句子的主语都不是后边动词的直接受事对象，二者之间不存在直接的"受—动"

① 吕叔湘主编（1980）《现代汉语八百词》第 1 版第 56 页，商务印书馆。

关系。[①] 例（1）（2）（3）中的谓语是“告诉”“教”这类可带双宾语的动词，前边的主语“她”“每个英国儿童”“我们”在意义上是动词的间接受事，不是直接受事。其余各例连间接的受事意义也不存在。

这些例子都不应当用“被”字句。可改为：

（1）医生说她得了重病。

（2）每个英国儿童都从父母那里听说了这个故事。

（3）老师教我们中文。

（4）我给他写信了。

（5）现在，列车员正给小孩儿缝扣子。

（6）领导给我们讲了学校的情况。

第 3 类

（1）没过几分钟，她被清醒了。

（2）这时，父亲被难过了。

（3）我的衣服被小孩儿脏了。

（4）他的宿舍只有到星期日才被干净。

（5）人们都会被爱情的问题敏感。

这些例子中“被”后边的谓语都是形容词而不是动词。这些形容词不能带受事宾语，自然也就不可能构成以受事做主语的“被”字句。

改正为：

例（1）（2）去掉“被”，让“清醒”“难过”直接做谓语。

例（3）（4）可在“脏”和“干净”前边加上及物动词，如“弄脏了”“打扫干净”。

① 吕文华（1990）“被”字句中的几组语义关系，《世界汉语教学》第 2 期。

例（5）中的“被”应改成“对”，因为“对……敏感”是习惯上的固定用法。

第 4 类

（1）我没死，我被渔夫救。

（2）我被他骂。

（3）明天这个生日蛋糕就会被他吃。

（4）这个话不要被人听。

（5）昨天他被批评。

（6）放在桌子上的书被母亲收拾。

汉语的“被”字句必须表示受事主语所受到的影响，因此动词谓语后要体现这种影响所产生的结果。“‘被’字句的动词后面常带些后附成分，这些成分就是说明受事受到影响之后的结果的。”[1] 由于这个原因，“被”字句的谓语动词在通常情况下不能是光杆儿动词（即动词的简单形式）。这是“被”字句受语义内容制约而产生的一个结构上的特点。动词后边可以有：

动态助词：“着”“了”“过”

趋向补语：行李被扔出去

数量补语：他被打了一顿

结果补语：敌人被打跑

程度补语：他被气得不得了

宾语：自行车被安上锁

动词前边如果有某些状语，动词后可以没有后附成分。如“我

① 王还（1994）《门外偶得集》（增订本）第 148 页，北京语言学院出版社。

被他一提示，就全明白了”。但如果没有后分句，“我被他一提示”仍不能自立成句，而“就全明白了”正好体现了“他一提示”给“我”带来的结果。

“‘被’字句必须表示受事受到影响，因此当动词本身可以说明这种影响时，动词可以不带任何补语，只要一个‘了’或‘着’就行了，双音节动词可以连‘了’或‘着’都不要。”[①] 汉语里哪些双音节动词本身具有结果意义，哪些没有，这个问题目前难以一下子说清：一是因为二者之间的界限不好划分；二是迄今为止尚缺乏穷尽式的调查。有一种情况是可以肯定的：凡动结式动词都可在“被”字句中单独做谓语，如“解散、消灭、打倒、澄清、扩大、推翻”等。这是因为这些词的第二个成分都表示前一成分的结果，所以后边可以不再出现后附成分。

对比之下，上引各例的动词谓语都是光杆儿动词，所以都不对。

改正为：

例（1）……我被渔夫救活了 / 救了。

例（2）我被他骂了一顿 / 我被他骂哭了。

例（3）……就会被他吃掉 / 光 / 了。

例（4）这个话不要被别人听见 / 到。

例（5）昨天他被批评了一顿 / 被批评哭了。

例（6）……被母亲收拾得整整齐齐。

第 5 类

（1）施工队觉得，这点儿障碍被他们克服得了。

① 王还（1994）《门外偶得集》（增订本）第 179 页，北京语言学院出版社。

（2）这个问题被她一个人解决得了。

（3）这个问题今天下午被我们讨论得完吗？

（4）自行车被我找得回来。

这四例的共同特点是在动词谓语后边有可能补语。这不符合使用“被”字句的语义要求。改正方法有两种：一种是保留“被”字句形式，同时把动词后的可能补语改掉，在动词前边加上能愿动词“能／能够、可以”；另一种是保留可能补语，同时把“被”字去掉。这样就改成：

例（1）……这点儿障碍能被他们克服。

……这点儿障碍他们克服得了。

例（2）这个问题能被她一个人解决。

这个问题她一个人解决得了。

例（3）这个问题今天下午能被我们讨论完。

这个问题今天下午我们讨论得完。

例（4）自行车能被我找回来／我能把自行车找回来。

自行车我找得回来。

“被”字句动词谓语后面为什么不能带可能补语呢？

可以从两个方面考虑这个问题：

首先从可能补语的性质来考虑。可能补语的意义与其他各类补语一样，都属于一种结果范畴的意义。无论肯定式还是否定式，可能补语正如“可能”这个术语表示的那样，它只是表示谓语产生某种结果的可能性。“讨论得完”是从肯定方面提出可能的结果，“讨论不完”是从否定方面提出可能的结果。

再从“被”字句方面来看。“被”字句从语义上要求动词谓语的结果是确定的，因此“被”字句要求“动词后面多有表示完成或结果的词语，或者动词本身包含此类成分”(《现代汉语八百词》第1版第56页)。

可见，“被”字句同可能补语在语义要求或语义倾向上是互相矛盾的。

不难看出，这种分析同样适用于“把”字句，“把”字句动词谓语不能有可能补语的道理也在于此。

李珊在《现代汉语被字句研究》一书中写道：“‘被’字句中动词带‘得’有一个极为重要的特点，即补语不能简单到一个单词，通常需是一个复杂形式。”① 这个观察是很准确的。不过还可以进一步说明为什么是这样。从上文的分析不难看出：如果“被”字句中“动词+得”后面是一个简单形式，那么，该简单形式只能是可能补语，这与“被”字句的语义要求是不协调的。

第6类

(1) 我作业没做完，难免被老师的批评。

(2) 这位作家被那位作家的影响。

(3) 我被父母的影响，从小就喜欢中文。

(4) 三年前，我的家乡被很厉害的水灾。

(5) 那天晚上，陈伊玲家附近被很强的台风。

这些例子中最值得人们注意的是“被”字后边的成分。例(1)—(3)中“被”字后面的“批评、影响”本来很明显是动词，是有资格在“被”字句中做谓语的，这些动词前边的成分“老师、那位作家、父母”按照语义都是后边动词的施事主体，本来是可以做“被”的

① 李珊(1994)《现代汉语被字句研究》第110—111页，北京大学出版社。

宾语的，但是这 3 例中施事主体和动词中间加了结构助词“的”。这样一来，表示施事主体的成分成了动词的定语，而受定语修饰的“批评、影响”也就不再是动词，而是名动词，[①] 它们在句子中的作用就不是做谓语而是做“被”的宾语了。这就完全偏离了汉语“被”字句最基本的句法规则，因为能带这样的宾语的不应当是介词“被”，而应当是动词“受”。这些句子都是把“被”混同于动词“受”而造成了偏误。因此，这些句子中的“被”都应当改为“受”。

例（4）（5）“被”字后面出现的是受定语修饰的名词“水灾”和“台风”，这都说明学生在观念上是把“被”当作动词用的。

以上各例改成以动词“受”做谓语的句子以后，句子在结构形式上是主动句而不是被动句，但整个句子在语义上包含被动语态，是一种主动形式的被动意义，因为这类句子的主语总是处在受事地位上。

第 7 类

（1）食堂的菜被我们闹肚子。

（2）那个孩子的话被我哭笑不得。

（3）这个小说被我感动了。

（4）那个电影被我感动了。

例（1）（3）（4）来自日本和韩国学生，例（2）转引自杨庆蕙主编的《现代汉语正误词典》（第 57 页），出自哪国学生笔下，不得而知。值得注意的是，例（1）（3）（4）的作者汉语水平都在中等以上。

从意义上看，这些句子的主语（“食堂的菜”“这个小说”“那个

---

① 朱德熙（1982）《语法讲义》第 60 页，商务印书馆；李珊（1994）《现代汉语被字句研究》第 241—242 页，北京大学出版社。

电影”“那个孩子的话”）都表示给“被”的宾语（“我们”“我”）带来某种变化、造成某种结果，这个变化或结果都是由“我们”“我”自身发生的。从全句格局来看，这些句子都含有致使意义，因此应当用动词“使”。另外，例（1）的“闹肚子”是个固定的惯用动宾结构，例（2）的“哭笑不得”是个成语，二者都不能带受事宾语，自然就不可能构成以受事做主语的“被”字句。不过，例（3）（4）里的“感动”是及物动词，与“被”的宾语“我”可以构成动作与受事的关系，而“这个小说”和“那个电影”则是引起“我”发生“感动”这个动作的原因或施事主体，因此这两例如果用“被”字句，只能说成“我被这个小说感动了”“我被那个电影感动了”。由于“感动”是及物动词，这两例还可以改成“把”字句：“这个小说把我感动了”“那个电影把我感动了”。改成“把”字句以后，原话中的被动意义就不存在了。也可以不用“把”字句，分别改成“这个小说感动了我”“那个电影感动了我”。

第 8 类

（1）这个问题很复杂，姑且被他们去调查吧！

（2）母亲被我去那儿。

（3）上课时老师被同学们做造句练习。

（4）孩子太小，不得不被妈妈给他穿衣服。

（5）护士看小杰非常爱那只小麻雀，就不得不被他养了。

（6）她上次在中国过得很愉快，所以这次她又一个劲儿地要求她父母被她再去一次。[1]

① 转引自杨庆蕙主编《现代汉语正误词典》第 61 页。

这些例子表示的意思是："被"的宾语在句子主语允许、使令、听任、许可的条件下去做某件事情。整个句子表示的是一种使令意义，因此应当用表使令意义的兼语句，即把介词"被"改成动词"让"，组成"让"字兼语句，或者用"叫"，组成"叫"字兼语句。

在"语法偏误分析"课上，有不少外国学生提出可不可以改用"使"字兼语句。对这个问题的回答应当是否定的。这是因为这些例子表示的是使令意义而不是致使意义，就是说，这些例子并不表示句子的主语给"被"的宾语带来什么结果或影响。联系上文对第 7 类偏误的分析，这一点不难看清。

主要参考文献

康玉华（1985）汉日被动句式的异同，《语言教学与研究》第 3 期。

李临定（1980）"被"字句，《中国语文》第 6 期。

李　珊（1994）《现代汉语被字句研究》，北京大学出版社。

刘月华等（1983）《实用现代汉语语法》，外语教学与研究出版社。

吕文华（1987）"被"字句和无标志被动句的变换关系，《句型和动词》，语文出版社。

吕文华（1990）"被"字句中的几组语义关系，《世界汉语教学》第 2 期。

王　还（1983）英语和汉语的被动句，《中国语文》第 6 期；又见王还（1994）《门外偶得集》（增订本），北京语言学院出版社。

朱德熙（1982）《语法讲义》，商务印书馆。

第二十六章 结果补语

26

结果补语是位于谓语后边表示动作或变化所产生的结果的句子成分，是由动词和形容词充当的。为了便于分析外国人在结果补语方面的偏误，有必要从外国人学汉语的角度着眼对结果补语的一般特点做些介绍：

[1] 语音上一般重读。

[2] 在“谓语+结果补语”这个结构段中，语义重心多在结果补语上。例如，当我们说“洗干净”的时候，要表达的主要信息不是“洗”这个动作行为本身，而是“洗”这个动作行为的结果“干净”。

[3] 从结合的紧密程度上来看，谓语和结果补语的结合有两种情况：

A 类：两部分固定结合在一起，构成动结式复合词，是词典收词的对象。例如：

扩大　缩小　推翻　打倒　澄清

延长　看见　听见　打通　疏通

提高　降低　瞄准　说服

B 类：两部分靠语义选择关系临时搭配在一起，组成动结式词组。只要语义上讲得通，符合汉语的搭配习惯，就可以组合。[①] 例如：

弄好　死光　吃饱　气死　站稳

---

① 关于谓语和结果补语组合的条件，见王红旗（1993）谓词充当结果补语的语义限制，《汉语学习》第 4 期。

摔破　　滑倒　　说完　　想通　　煮熟

洗干净　　听明白　　说清楚　　收拾整齐

A 类中有的可在中间加上"得 / 不"构成可能补语，如"打倒→打得倒、打不倒"等；有的则不行，如"延长→*延得长 / *延不长""澄清→*澄得清 / *澄不清"等。之所以有此区别，是因为"动""结"两部分结合的松紧程度有所不同。

B 类一律可以用这个办法构成可能补语。

[4] 谓语和结果补语中间不能加入任何其他成分，结果补语的后边可以有动态助词"了""过"，但一般不能带"着"。

[5] 动结式复合词（A 类）和动结式短语（B 类）都可以带宾语，所带宾语是"动词 + 结果补语"这个整体结构的宾语，所以不能放在这个结构中动词的后边，而只能放在这个整体结构之后。

[6] 在一般情况下，一个谓语只能带一个结果补语。

以上特点都是最基本、最一般的。这里之所以要指出这些共同点，是因为外国人在结果补语问题上出现的偏误固然多种多样，但其中最常见的偏误类型多多少少都跟没有掌握好以上这些特点有关系。

:: 偏误分析 ::

第 1 类

我们的调查统计表明，外国学生最容易"漏掉"结果补语的动词有两个：一个是"看"，另一个是"听"。下边先重点逐个介绍分析，然后再分析其他缺少结果补语的情况。

1. 看

A 类：

（1）……到那个时候，他就已经死了，无法看国家的未来。

（2）那天，火车站里人真多。我从来没有看那么多的人。

（3）我们一下火车就看在车站的墙上写的标语："滨城欢迎你们！"

（4）上星期天我在王府井大街看了我朋友的母亲。

（5）有一天，猎人回家时，看了一只白鹤。

这些用"看"的句子都是单句，"看"还都带了宾语。汉语的"看"是持续性动词，但是，这些例子中的"看"都不表示这个动作本身的持续进行。按照句子实际的语义内容，应该用非持续性动词（即瞬间动词）"看见"或"看到"。例（3）（4）（5）还可以改用"见到"或"发现"。这里的"看见、看到、见到"都是"动词＋结果补语"的结构，而凡是动词带结果补语的动补结构都是非持续性的。[①]"发现"更是非持续性的。

B类：

（1）他们看我们的时候大吃一惊。

（2）孩子们看南瓜就想吃。

（3）狼一看小羊，就想把它吃掉。

（4）有一个蜘蛛从很远的地方看那个苍蝇，想把它当作一顿美餐。

例（1）是单句，句中"看我们的时候"是指持续性动词"看"这个动作进行的全部时间。后边的"大吃一惊"只能在"看"一开始的时候发生，而不能在"看"的过程中的某个时点上发生，因为只有"看"这个动作的某种结果才可能是引起"大吃一惊"的原因。根据这样的语义条件，"看"应当改用"看见""见到"或"看到"。

① 马庆株（1992）《汉语动词和动词性结构》第2页，北京语言学院出版社。

根据同样的理由，例（2）（3）（4）里的“看”也都应当改用非持续性动词“看见”“见到”或“看到”，因为这些例子在语义上都不是指“看”这个动作本身的进行，而是指“看”的结果。前边的“看”没有结果意义，就与后边的动词在语义上协调不起来。

2. 听

（1）他听我的咳嗽声，就停住了。

（2）她听他的回答，就说：“我们还是分手吧！”

（3）小杰听小麻雀放在笼子里饿死的消息，就大哭起来。

（4）听这样的话，姑娘脸红了。

（5）老爷子听他的话，就去城里。

（6）妈妈听儿子的话，心里很高兴。

这些例子都是复句。汉语里的“听”是持续性动词，比如“听音乐 / 听故事 / 听报告 / 听介绍”，这里的“听”本身都是有时间持续过程的。但是，上引各例的“听”都不表示“听”这个动作本身的持续。按照各例实际语义，都是说在前分句“听”的动作行为有了某个结果的情况下再发生或进行后分句所表示的动作行为，或出现后分句所说的状态。因此，前分句里应当用非持续性的“听见”“听到”，有的还可以用“听完”，如例（2）（3）（4）。所有这些例子都还可以用“听了”。“听见”“听到”“听完”都是“动词＋结果补语”的结构，都是非持续性的。动态助词“了”虽不是结果补语，但它表示动作的完成，完成也是一种广义的结果。[①] 另外，在汉语里，当“听……的

① 李临定在《究竟哪个“补”哪个？——“动补”格关系再议》一文中说道：“形容词或动词加上时态成分‘了’等后，往往便蕴含有‘结果’义。”见《汉语学习》1984 年第 2 期；载《现代汉语补语研究资料》，北京语言学院出版社，1992 年。

话”中间是表示人的名词或人称代词的时候，有“听从长辈或领导的话”（《现代汉语词典》第5版第1145页）的意思，因此例（5）（6）容易使人误解甚至感到可笑。

上面分析了“看”和“听”缺少结果补语的偏误，现在有必要回答这样一个问题：“他一看书就犯困”和“他一听音乐就来劲”的说法为什么能成立呢？这是因为“看书”的“看”和“听音乐”的“听”都是持续性动词，不论时间长短，总有个时间过程。正因为如此，所以可以说“他正看着书呢”“他正在听着音乐呢”。“看”和“听”还可以带时量补语，如可以说“他看了半天书”“他听了两个小时音乐”。

3. 其他缺少结果补语的偏误

（1）我们一起画蛇，先画蛇的人可以喝这壶酒。

（2）“我不想吃干烧鱼，我想喝酸奶。”孩子说，就到楼下的小卖部去。

（3）他一说这句话，就把箱子搬走了。

（4）医生们紧张地工作，他们一定会救他。

（5）这本书我到处托人买，今天可买了一本。

例（1）里前边的句子中有“一起画蛇”，后边的句子中又出现“先画蛇的人”，前后语义矛盾。这是因为后句原来的意思是说“先画完/成蛇的人”，动词“画”后边少了结果补语。例（2）（3）的问题相同。例（2）的“到楼下的小卖部去”是在“孩子说”有了结果以后才进行的动作，否则，后句中的“就”就莫名其妙了。例（3）中的“一……就……”是个固定格式，“前后两个动词不同，表示一种动作或情况出现后紧接着发生另一种动作或情况”（《现代汉语八百词》第1版第526页）。该例后分句“就把箱子搬走”这个动作行为必然是在“说这句话”这个动作完成、结束以后发生，因此前分句的动词“说”后边应当有结果补语“完”。

例（4）（5）两例转引自刘月华等著的《实用现代汉语语法》（第329、330页）。例（4）中“医生们紧张地工作”本身就是在“救他”，因此后分句不应当只说“救”这个行为本身，也应当出现“救”的结果，即“救活他”。

例（5）中的“买了”只表示“买”动作本身的完成，并不表明该动作产生的具体结果，因为完全可能出现这样的情况和说法：“托人买了，但是没买到／着”。该例的“买了”应当改成“买到”或“买着”。不过，就这个例子而言，因为后分句“买”的前边有“可”，特别是“买了”后边有“一本”，所以受话者会把“买了”理解成“买到／买着”而不会误解。

第 2 类

（1）老板看见到那个情况，吓得一直跑到铺子里。

（2）他看见清楚黑板上的那些汉字了吗？

（3）你教我的东西，我都扔掉在大海里了。

（4）我把母亲的话记住在心里。

汉语里一个动词谓语一般只能带一个结果补语。例（1）（2）中的“看见”本身就已经是“动词＋结果补语”的结构了，可后边又分别带了结果补语“到”和“清楚”，不符合汉语的句法规则。

改正方法是去掉其中的一个结果补语。

例（3）（4）中的“扔掉”和“记住”也已经是“动词＋结果补语”了，后边又分别带了“在大海里”“在心里”，其中“在”也是结果补语，同样不对。关于这种用法为什么不能成立，见对“在”的有关偏误的分析。

第3类

（1）司机……没想到碰人死了。

（2）办手续完了以后，她们低声说话。

（3）听介绍完，我们开始参观。

（4）理发完了以后，我跟理发师聊天儿。

（5）我每天晚上都是复习旧课完再预习新课。

（6）理发完了，我就洗澡去了。

前边说过，动词谓语和结果补语的中间是不能加入任何其他成分的。这里的例（1）—（5）动词谓语和结果补语的中间都加了宾语，因此都不对。这些例子应当分别改成“碰死人”“办完了手续”“听完介绍”“理完了发”“复习完旧课”。

不仅宾语应当放在“动词＋结果补语”之后，就连动态助词“了”也应当放在其后。例（6）中“理发完了”应当改成“理完了发”。

以上各例从反面说明谓语和结果补语的黏合程度是很高的。

第4类

（1）他不吃完饭就去找朋友了。

（2）我好久不见到她了。

（3）在韩国时，我们用的教材是《基础汉语课本》。但是，这本教材不学完一半，学期就结束了。

（4）这本教材不谈到这种句型。

（5）从那以后我再没见过他。不想到今天站在我面前的年轻人就是当年的他。

这些用例都涉及结果补语的否定式问题。汉语结果补语的否定形式是用否定副词“没”或“没有”来否定“动词＋结果补语”这个整体结构。上引各例都是用“不”来否定的，因此都不对。

为什么要用“没”而不能用“不”？

刘月华等所著的《实用现代汉语语法》在论述结果补语的否定形式时写道：“由于结果补语表示动作或变化是否发生或完成，所以其否定形式一般用‘没’。否定结果补语时，要把‘没’放在谓语动词（或形容词）的前头。‘没＋动词＋结果补语’表示没取得某种结果。”（第334页）第一，要用“没”而不能用“不”，这是由结果意义本身决定的；第二，“没”要放在“动词＋结果补语”的前边。

在以下两种条件下，可以用“不”来否定“动词＋结果补语”：

[1] 在表示假设条件的副句或紧缩句中。如：

你不说清楚，我们就不让你走。

今天晚上不做完作业就不睡觉。

[2] 强调主观上不愿意出现某个结果，多用于对话中。如：

甲：你应该把这个活儿干完。

乙：我就不干完！

（6）到现在我才明白，她已经不爱上我了。

（7）“半瓶醋”的意思是说他还学不好。

例（6）动词谓语“爱”后边的“上”是趋向补语，但表示的是一种结果意义[①]，可以把“爱上”看作“动词＋结果补语”结构。对这种结构的否定不应当用“不”而应当用“没”。

原例改成“没爱上”仍然不能成立，因为前边有副词“已经”。

---

① 关于表示结果意义的趋向补语，参见刘月华（1988）趋向补语的语法意义，载《语法研究和探索（四）》，北京大学出版社。

“已经”表示动作行为或变化的态，即已然态。如果遇上动结式结构，它只能修饰肯定形式，如“他已经写完作业了”，而不能修饰否定形式。也就是说，“已经”与结果补语的否定式不能同现，否则，语义上会发生矛盾。因此例（6）有两种改法：

……她已经不爱我了。

……她没爱上我。

例（7）是1992年北京电视台举办外国留学生汉语知识文化竞赛时，一个女学生对“什么叫半瓶醋”这个问题的回答。看来她完全明白“半瓶醋”的意思，但是她犯了两个错误：第一是用错了否定词，该用“没”而她却用了“不”，因为“学好”是“动词+结果补语”结构；第二是把“不”放在动词谓语和结果补语之间，结果造成了可能补语的否定形式。改法有两种：

他（还）没（有）学好。

他学得不（太）好。

第5类

（1）我妈妈今天早上六点醒了我。

（2）坏了这个杯子的人不是他就是你。

（3）没想到熟土豆的时间这么长。

（4）我三天以前完了那个工作。

（5）有人破碎了我的中国花瓶。

例（1）（2）（3）中的“醒”“坏”“熟”是不及物动词，后边都不应当带宾语。例（4）中的“完”除了在“完工”“完婚”等少数几个固定格式中可带宾语以外，一般也不带宾语。例（5）中的“破碎”是形容词，同样不应当带宾语。

改正方法：

例（1）—（4）在“醒、坏、熟、完”前边加上及物动词，让“醒”等动词做所加及物动词后边的结果补语。如例（1）改成“叫醒 / 喊醒”；例（2）改成“摔坏 / 碰坏 / 弄坏”等；例（3）改成“煮熟”；例（4）改成“做完 / 干完”等。

例（5）如在“破碎”前边加上单音节及物动词，还不如让“破”或“碎”做结果补语，因为“单音节动词 + 破碎”不符合汉语的音节习惯。另外，在能做结果补语的为数不多的单音节动词中，“破”和“碎”是比较常用的。

通过以上的正误对比可以看出，该类偏误的实质是把表结果的成分当作谓语了。学生之所以会出现这类偏误，一方面是因为外语（如英语、法语、俄语、日语、德语、意大利语等）里没有这种类型的句法结构，而这种句法结构本身又非常复杂；另一方面也与外国学生没有真正了解这种句法结构的性质、来源和构成有关系。在“动词 + 结果补语”这个结构中，第二构成成分是第一构成成分的活动导致的结果。这种句法结构是在古汉语使动用法的自动词或形容词前面加上一个动词构成的，而加上去的动词绝大多数是及物动词。[①] 外国学生如果真正了解了这些最基本的内容，一般不会出现该类偏误。至于学生在不及物动词或形容词后边带上了宾语，这与外国学生不能正确判定汉语词类有关。而汉语没有借以判定词类的形态标志则又是造成学生困惑的根本原因之一。

① 龚千炎（1992）动结式复合动词及其构成的动词谓语句式，载《现代汉语补语研究资料》第 590—603 页，北京语言学院出版社。

主要参考文献

邓守信、廖秋忠（1991）汉语使成式的语义，《国外语言学》第 3 期。

范　晓（1985）略论 V—R，《语法研究和探索（三）》，北京大学出版社。

龚千炎（1992）动结式复合动词及其构成的动词谓语句式，《现代汉语补语研究资料》，北京语言学院出版社。

李临定（1980）动补格式句，《中国语文》第 2 期。

李临定（1984）究竟哪个“补”哪个？——“动补”格关系再议，《汉语学习》第 2 期。

刘月华等（1983）《实用现代汉语语法》，外语教学与研究出版社。

马庆株（1992）时量补语和动词的类，《汉语动词和动词性结构》，北京语言学院出版社。

马希文（1987）与动结式动词有关的某些句式，《中国语文》第 6 期。

潘允中（1980）汉语动补结构的发展，《中国语文》第 1 期。

王红旗（1993）谓词充当结果补语的语义限制，《汉语学习》第 4 期。

詹人凤（1989）动结式短语的表述问题，《中国语文》第 2 期。

第二十七章 时量补语 27

谓语后边的数量成分可以分成下面的三类：

一类是名量成分，如“我的自行车坏了，要另买一辆”，这里的“一辆”是代替自行车的名量词，是动词“买”的宾语，不是补语；

一类是时量成分，如“休息三天”“等一会儿”，“三天”和“一会儿”是分别表示动词“休息”和“等”的时间数量的，是时量补语；

一类是动量成分，如“看一次”“看一眼”，“一次”和“一眼”是表示动词“看”的次数的，是动量补语。

有些语法书根据时量补语和动量补语在句法格式上同名量宾语相近似这一点，把它们看作数量宾语或准宾语。我们在这里仍按照对外汉语语法教学的一惯做法，称作数量补语。

这里只分析外国学生在使用时量补语时出现的偏误。

∷ 偏误分析 ∷

和趋向补语、结果补语比较起来，外国人对汉语时量补语的意义一般是比较容易理解的。中等以上汉语水平的外国人很少在意义理解方面出现偏误。如下面的用法就是很少见的：

我学汉语学了三年，还要学习今年。

时量补语是表示时间长短的，因此只有表示时段的词语才可以做时量补语。“今年”是一般的时间名词，表示的是时点而不是时段，不应当用它来做时量补语。这句话应当改成“……我还要学习一年”或“今年我还要学习（一年）”。这样改以后，“今年”是时间状语，“一年”才是时量补语。

据观察，在中高级阶段，外国人在时量补语方面的主要问题是结构性的，其中最突出的是：当谓语动词带时量补语又带宾语时处理不好宾语和时量补语的位置。下边逐类介绍分析。

第1类

（1）在爱知大学，我学习中国历史两年。

（2）在西双版纳旅游时，我坐出租汽车二十个小时。

（3）因为人很多，所以我们等公共汽车半个小时。

（4）来中国以前，我在首尔的大学学汉语三年。

（5）昨天下午我打网球两个多小时。

这些例子都包含“动词＋宾语＋时量”这样一个结构段，其中，表时量的词语在句子中做时量补语。句中谓语动词都表示持续性动作行为，补语就是该动词持续的时间数量。

按汉语的语法规则，当动词带时量补语又带宾语的时候，一般情况下应当重复动词。比如，例（1）就应当说成“……我学习中国历史学习了两年”，其余各例依此类推。

也可以不重复动词。这有两种情况：

[1] 当宾语为一般名词时，多放在时量补语的后面，这样，例（1）就可以说成“……我学习了两年中国历史”；也可以在时量成分后面加上结构助词“的”做宾语的定语，如例（1）可以说成“……

我学习了两年的中国历史”。其余各例都可以按此格式改。

[2] 当宾语为称呼或人称代词时，宾语多放在时量补语前边，尤其是由人称代词充任的宾语，一定不能放在时量补语之后。这是因为汉语的人称代词一向是不接受前修饰成分的，“我等了半个小时的他”是不合法的句子。

以上讲的是一般情况。在特殊情况下，时量补语可直接放在名词宾语之后。这也有两种情况：

[1] 需要强调数量成分的时候。比如：

陈建功的小说《丹凤眼》中多次出现“打一辈子光棍儿”的用法。这是最常见的。但下面的用法也是合法的：

他将来长大成人，要是有人给他说素芳婶子这样的贱货，他宁愿打光棍儿一辈子。[1]

这里的“打光棍儿一辈子”显然是有意强调了时量成分“一辈子”。

[2] 需要强调计数，有列举、登记意味的时候。比如：

我学汉语三年，学英语两年，学日语才半年。

上引例（1）—（5）不属于这几种情况，所以宾语都不应当在时量补语之前。

有一点值得注意：例（1）—（5）在改正时，动词后边都应当加上“了”。这是因为句中动词所表示的都是过去的动作，而且宾语又有了数量修饰成分。这是赵元任的一个发现，他在《汉语口语语法》一书中说：“在动词表示过去的动作而宾语有数量修饰的时候，这个完成态的后缀‘了’是必不可少的。”（第 127 页）邓守信在解释赵元任的这个发现时说：“从语境（situation）的角度来看，这个规则便能较自然

① 该例引自李兴亚（1980）宾语和数量补语的次序，《中国语文》第 3 期。

合理地解释。'他买了一本字典'不是活动句而是完结句，而'了'字出现在完结句是合情合理的。"[1] 上引各例改正以后表示的都不是活动（activity）而是完结（accomplishment），因此动词后应当加上"了"。

第 2 类

A 类：

（1）我学了汉语三年。

（2）我当大学生的时候，学了俄语很短时间。

（3）在昨天晚上的联欢会上，我表演了节目十分钟。

（4）在上海的时候，他们参观了中国轻工业展览好几个小时。（佟）

从表面上看，这类例子与第 1 类相比，只是在动词谓语后面多了动态助词"了"。如果不考虑"了"的存在，那么对这类的分析应当与第 1 类相同。从这类偏误的来源来看，这些例子多半是母语干扰的结果：这里所说的动作行为都是已经结束的动作行为，学生用母语的时态观念来看待这些动词，于是就在动词后边加上动态助词"了"。现在我们面临的问题是：能不能从汉语规则着眼，找出"我学了汉语三年"这类说法不能被汉语接受的原因或理据来？在我们看来，如果能找出这样的原因或理据，要比指出偏误的来源（比如说母语干扰）有价值得多，当然也困难得多。

戴浩一曾经分析了以下几个句子（序号是原有的）：

（2）* 他念了书三个钟头。

（3）他念书念了三个钟头。

（4）他念了三个钟头的书。

① 邓守信（1985）汉语动词的时间结构，《语言教学与研究》第 4 期。

（8）我看了张三三个钟头。

戴写道："例（8）中的时段表达方式与英语相同。它也是诠释时段的一种自然的方法，虽然在汉语中不是唯一的方法。它表现出宾语比补语靠近动词的动—宾—补的自然顺序，符合 Baybee（1985）发现的一条根本的语序临摹原则，即语义关系比较近的成分在线性序列中也趋于靠得比较近。既然例（8）中的格式有自然的理据，那么例（2）为什么不合语法呢？其原因看来是：当宾语为无定，容易接受比喻时，说汉语的人喜欢用例（3）（4）而不用例（2）来表示时段。"① 如果我们把例（2）与例（8）比较，就不难发现例（2）的宾语"书"是无定的，而例（8）中的宾语"张三"是有定的。例（2）不成立而例（8）成立的原因看来就在于此。

方梅参考了陈平对定指性成分表现形式的划分方法，把定指性由强到弱分为七类：

一、代词

二、专有名词

三、称谓词

四、这/那（+量词）+名词

五、领属性定语+名词

六、光杆儿普通名词

七、限制性定语+名词②

① 戴浩一（1994）以认知为基础的汉语功能语法刍议，见戴浩一、薛凤生主编《功能主义与汉语语法》，北京语言学院出版社。

② 方梅（1993）宾语与动量词语的次序问题，《中国语文》第1期；陈平（1991）释汉语中与名词性成分相关的四组概念，《现代语言学研究——理论·方法与事实》，重庆出版社。

例（8）中的“张三”是专有名词（第二类），例（2）中的“书”是光杆儿普通名词（第六类）。“张三”的定指性显然强于“书”。因此，例（8）成立而例（2）不成立。

上引A类各误例中的宾语“汉语”“俄语”“节目”是光杆儿普通名词（第六类），“中国轻工业展览”是“限制性定语+名词”（第七类），这些宾语的定指性都是很弱的。

与此相对照，如果宾语为人称代词或称谓词，那就有较强的定指性，表示时量的补语就可以放在其后。如：

我等了他三个小时。

他等了张女士三个小时。

B类：

（1）他生病了三个星期。

（2）星期六下午我一个人唱歌了二十分钟。

（3）他抽烟了十年，居然戒了。

（4）有一次，他串门了半天才回来。

（5）傍晚在校园里我跟他谈话了半天。

（6）他坐在椅子上流泪了半天。

这些例子中带“了+时量补语”的谓语“生病”“唱歌”“抽烟”“串门”“谈话”“流泪”都是动宾格的结构。这些动宾格都是可以分离的，前边的动词“生”“唱”“抽”“串”“谈”“流”仍然具备动词的句法特点，因此动态助词“了”应当紧随其后，不应当在动宾格式之后。如例（1）就应当改成“他生了三个星期（的）病”，或者重复动宾格中的动词性部分，说成“他生病生了三个星期”。其余各例照此类推。

学生之所以出现以上偏误，很重要的一个原因是他们不能正确判断并运用动宾格动词。在他们看来，“生病”“唱歌”等都是一个个不可分解的动词，因此一方面把“了”放在动宾格之后，另一方面把时量成分也放在其后。学生之所以有此困惑，显然与母语干扰有关系。

C类：

（1）我以前学过美国民间音乐两年多。

（2）我当过兵三年。

（3）我打过太极拳一学期。

对该类偏误的分析与A类相同。

D类：

（1）他听着广播好几个小时了。（佟）

（2）她走了以后，我呆呆地站着一会儿。

（3）他看着很久，也想着很久。

（4）我昨天在那儿等着一个多小时。

（5）昨天我批评他的时候，他笑着半天。

（6）房子里的电话响着好长时间，她居然没醒来。

这些例子中的谓语“听”“站”“看”“想”“等”“笑”“响”都是持续性动词。当句中有时量补语的时候，动词后边可以有动态助词“了”“过”，但就是不能有“着”。[①] 可以说“等了一个多小时”“等过一个多小时”，但不能说“等着一个多小时”。汉语里不存在“动词+着+时量补语”这种结构。上引误例中都包含了这种结构，因此都不成立。之所以如此，是因为当说“等了一个多小时”“等过一个多小时”的时候，所说的“等”是指这个动作行为的整体过程，这里的

① 刘月华等（1983）《实用现代汉语语法》第381页，外语教学与研究出版社。

“了”和“过”是表示整体过程的形式标志。因为是整体过程，涉及动作的全部经历，所以后边可以带时量补语。“等着”则不然，它着眼于“等”这个过程中的某一部分，“着”是非完整体的形式标志，“等着”不涉及动作的全部经历，不指动作的整体过程，因此就不能有时间量。[①]

改正方法：

例（1）因为动词带有宾语“广播”，可按第 1 类方式改。

例（2）—（6）中的“着”一律改成“了”。

第 3 类

（1）我们一段时间在那儿谈话。

（2）他们俩几个小时谈话以后就分手了。

（3）我们三个小时讨论问题。

（4）后来他睡觉了，不知多长时间睡觉。

（5）妻子在家半天等他，特别生气。

（6）我们两年结了婚，一直很幸福。

“谈话”“讨论”“睡觉”“等”都是持续性动词，前边出现的“一段时间”“几个小时”“三个小时”“多长时间”“半天”都是动词本身持续的时间量。在汉语里，这样的时间量应当放在动词后边做时量补语。例（6）中的动词“结婚”是非持续性的，前边出现的“两年”是动作结束以后所经历的时间量，这样的时间量也应放在动词后边做时量补语。

---

① 戴耀晶（1991）现代汉语表示持续体的“着”的语义分析，《语言教学与研究》第 2 期。

改正如下：

例（1）我们在那儿谈话谈了一段时间。

或：我们在那儿谈了一段时间（的）话。

例（2）他们俩谈话谈了几个小时以后就走了。

或：他们俩谈了几个小时（的）话以后就走了。

例（3）我们讨论问题讨论了三个小时。

或：我们讨论了三个小时（的）问题。

例（4）……不知睡觉睡了多长时间。

或：……不知睡了多长时间（的）觉。

例（5）妻子在家等他等了半天，特别生气。

该例“等”的宾语是人称代词，所以不能改成：

* 妻子在家等了半天（的）他，……

但是可以改成：

妻子在家等了他半天，特别生气。

例（6）我们结婚结了两年了，一直很幸福。

口语中也可以说“我们结婚两年了……”

注意：例（6）的改法没有考虑动词“结婚”这个行为本身（即结婚仪式）用了多长时间。

表示动作或状态持续的时间量的词语应当放在谓语后边做时量补语，这是汉语里带有强制性的规则。关于这个规则本身的理据，戴浩一曾提出过“时间顺序原则”（The Principle of Temporal Sequence，简称 PTS），即两个句法单位的相对次序取决于它们所表示的概念领域里的状态的时间顺序。戴分析了下面三个句子：

a. 他病了三天了。

b. * 他三天病了。

c. * 三天他病了。

表示时间持续的词语“三天”只能出现在动词之后，这是因为“他病了”这一状态的起点先于“三天”，句子的主旨是说明“他”开始得病以来有多久。① 我们认为，戴浩一用时间顺序原则来解释表示时间持续的词语为什么必须在动词之后是有说服力的。

第 4 类

（1）我们复习了两个星期第三册和第四册课本。

（2）你学了多长时间那个西班牙舞了？

（3）他发表两个小时他的那些感想。

（4）我看了十天你借给我的那本中文小说，才看完。

这几个例子全转引自佟慧君所编的《外国人学汉语病句分析》（第 231—232 页）。佟慧君先生是这样分析这些病句的：

“病句中动词有时量补语，又有带较长定语的宾语，不该用‘主语—动词—时量补语—宾语’这种格式，该用重复动词的句式表达。定语长或复杂时，其中心语更常做主语，以带时量补语的动词谓语句做谓语部分。”（第 232 页）

佟慧君先生判定这四例为病句，并说明问题在于宾语有长定语，同时指出了汉语可以接受的几种改正办法，这都是无懈可击的。

能不能找出个“所以然”来呢？下边试做分析。

第一，从节律上看，在这些例子中，谓语动词和受事宾语在意义上是紧密联系的，这就要求这两种句法成分在线性序列上尽量靠近。现在，各例中动词谓语后边已经有了时量成分，宾语前边又有了

① 戴浩一（1988）时间顺序和汉语的语序，《国外语言学》第 1 期。

较长的定语，这就造成了动词与宾语在线性序列上相离较远的结果，给人一种句子拖泥带水、该完而不完的感觉。如果改用重复动词的句式，如例（1）改成“我们复习第三册和第四册课本复习了两个星期”，前一个“复习”与定中结构直接相连，后一个“复习”与时量补语直接相连，节律上自然就缩短了。如果把带长定语的宾语移到句首做受事主语，那么紧随其后的必然是动词谓语，节律上的问题也就迎刃而解了。①

第二，从宾语的性质来看，这里所说的宾语的性质是指宾语的有定无定的问题。上引各例中的宾语都是有定的，其标志就是宾语前边有较长的定语。关于这个问题，范继淹先生曾经有过很好的论述：

“‘一位医生告诉我……’的主语当然是无定的，‘一位女医生’大概也是无定的，‘一位姓侯的女医生’和‘首都医院一位女医生’也还可以算是无定的。而‘首都医院血液组一位姓侯的女医生’恐怕就要算有定的了，因为在那里只有一位女医生姓侯。”②

例（1）中的“第三册和第四册课文”出自学生之口，对听者和说者来说自然是有定的。例（2）（3）（4）中有“那个”“那些”“那本”更表明其后的名词宾语是有定的。“汉语有一种很强的倾向，即让主语表示已知的、确定的事物，而让宾语去表示不确定的事物。”③按照汉语的这种倾向，把表示有定事物的名词（连同它的定语）移到句首做主语，就是顺理成章的了。

① 这里的分析较多地参照了马庆株在其《数词、量词的语义成分和数量结构的语法功能》一文第五节中表述的观点，该文载《中国语文》1990年第3期。

② 范继淹（1985）无定NP主语句，《中国语文》第5期。

③ 朱德熙(1982)《语法讲义》，商务印书馆。

主要参考文献

陈　平（1991）释汉语中与名词性成分相关的四组概念，《现代语言学研究——理论·方法与事实》，重庆出版社。

戴浩一（1994）以认知为基础的汉语功能语法刍议，见戴浩一、薛凤生主编《功能主义与汉语语法》，北京语言学院出版社。

戴浩一（1988）时间顺序和汉语的语序，《国外语言学》第1期。

戴耀晶（1991）现代汉语表示持续体的“着”的语义分析，《语言教学与研究》第2期。

邓守信（1985）汉语动词的时间结构，《语言教学与研究》第4期。

范继淹（1985）无定NP主语句，《中国语文》第5期。

方　梅（1993）宾语与动量词语的次序问题，《中国语文》第1期。

李兴亚（1980）宾语和数量补语的次序，《中国语文》第3期。

刘月华等（1983）《实用现代汉语语法》，外语教学与研究出版社。

马庆株（1990）数词、量词的语义成分和数量结构的语法功能，《中国语文》第3期。

马庆株（1992）动词后面时量成分与名词的先后顺序，《汉语动词和动词性结构》，北京语言学院出版社。

赵元任（1979）《汉语口语语法》，商务印书馆。

朱德熙（1982）《语法讲义》，商务印书馆。

第二十八章 趋向补语

28

趋向补语是指谓语后边所带的由趋向动词充任的补语。汉语的趋向动词共有二十四个，可分为以下三类：①

第一类：来、去；

第二类：上、下、进、出、回、过、起、开；

第三类：上来、上去、下来、下去、进来、进去、出来、出去、回来、回去、过来、过去、起来、开来。

第一类只有“来”和“去”两个。第二类共八个。第三类是由第一类的“来”和“去”分别跟第二类的“上”“下”等结合而成的。

由第一类和第二类充任的补语叫简单趋向补语，由第三类充任的补语叫复合趋向补语。

趋向补语是汉语特有的句法成分，英、法、俄、德、日、意等各语言里都没有“谓语＋趋向补语”这种句法结构，再加上这种结构本身及趋向补语的意义又非常复杂，所以历来是外国人学汉语的一个突出难点，不仅偏误出现的频率高，而且偏误类型也是多种多样的。

① 有的语法书把“到”也算作趋向动词，我们不采取这种看法。

∷ 偏误分析 ∷

1. “立足点”问题

趋向动词“来”和“去”既可以单独做简单趋向补语，又可以跟其他单音节趋向动词组合，构成复合趋向补语。在这两种情况下，用“来”还是用“去”都有个“立足点”问题。所谓立足点，就是用“来”还是用“去”的基准。在一般情况下，这个基准就是说话人所在的位置。当动作的趋向是朝着说话人所在的位置时，就用“来”；当动作的趋向背离说话人所在的位置时，就用“去”。有时用“来”还是用“去”比较自由，这取决于说话人的主观设定：如果说话人以主观上设定的位置为基点，那就用“来”；否则就用“去”。如在打电话或召唤某人时：

① A：你到我这儿来一下好吗？

B：好！我马上就来。

② 战士们让树上的小男孩儿快下来，那个小男孩儿在树上说：“等我准备好就下来。”

这两例中本来用“去”是符合说话人的位置与动作方向的关系的，但是用“来”也不算错，因为答话人在说话时把自己看成和对方在同一个位置上，或者说是替对方设想自己动作的方向，是名副其实的“设身处地”。[①] 不过这总是比较特殊的交际场合。除此以外，在一般的情况下，“来”和“去”的选择使用是不自由的。外国人学汉语，尤其是在初级阶段，因为立足点的观念不强，常常会出现“方向性”

---

① 关于“立足点”的问题可参阅居红（1992）汉语趋向动词及动趋短语的语义和语法特点，《世界汉语教学》第4期。

的错误。进入中高级阶段以后，这类情况虽大量减少，但也不是没有。下面的例子就出自具有中高级水平的学生之口：

（1）那时云彩很多，太阳还没有出去。

（2）有一天，我到中国银行来兑换美元，碰到一个说话很凶的服务员。

（3）我是日本人，毕业后我想回日本来工作。

例（1）用“出去”，说话人的立足点在哪里？不可思议，应该用“出来”。例（2）的说话人是在学校而不是在银行，因此不应当用“到……来”。例（3）的说话人是在北京，也不应当用“回……来”。这两例的“来”都应改成“去”。

2. 简单趋向补语和处所宾语的位置

（1）三个月以后，我应该回去英国。

（2）过了两年，我又回来中国了。

（3）最近他要回去日本。

（4）回来学校时，他们已经疲乏了。

（5）九月份以后，我要回去瑞典，继续上学。

（6）很高兴进来你的房间。

（7）进去寺庙的青蛇发现了许仙。

（8）你把书拿来这儿。

（9）妈妈把儿子带来楼下的小卖部。

这些例子分别来自英、法、俄、德、意、韩、日、泰、瑞典九个国家的学生。这些学生的母语各不相同，但偏误的性质却是相同的：例（1）—（7）中的“回去”“回来”“进来”“进去”的后边都带了处所宾语。这是不符合汉语规则的。

为什么呢？

为了回答这个问题，有必要对“回去”“回来”“进来”“进去”做分析。为此，可以把“回”“进”抽取出来作为一类，“来”和“去”作为另一类。两类相比，有同也有异：作为动词，它们都可以单独做谓语，后边可以带处所宾语，另外，这些动词又可以作为趋向动词在句中做趋向补语，这是相同的地方；不同之处在于做趋向补语的时候，“回”“进”可以带处所宾语而“来”和“去”则一定不能带处所宾语。正如房玉清在《实用汉语语法》一书中所说：“大多数趋向词做补语，后头可以带处所宾语……唯有‘来/去’做趋向补语，后头不能带处所宾语。”（第250页）

由此可知，例（1）—（7）之所以不能成立，是因为在动词谓语“回”“进”后边有“来”和“去”充任的趋向补语，同时后边又带了处所宾语。

根据上述理由，我们可以把做趋向补语的“来”和“去”判定为不及物性的。“如果对所有的后附于动词的趋向词做分类的话，‘来、去’应该算是不及物的，因为‘拿来北京’‘带去屋里’的说法都不成立。”[①]《现代汉语八百词》在介绍动趋式动词带宾语的各类句式时说：“如果动趋式动词后边的名词代表处所，它只有一个位置，在趋$_1$之后，趋$_2$（指‘来、去’——引者按）之前。”（第1版第34页）这里说的是动词后有复合趋向补语的情况（即“动词+趋$_1$+趋$_2$”），可见“来”和“去”不论是做简单趋向补语还是做复合趋向补语的第二部分(即趋$_2$)，都是不能带处所宾语的。这一条件限制带有强制性。

改正方法很简单：把各例中表示处所的词语分别移到趋向补语“来”或“去”的前边。

① 张伯江（1991）动趋式里宾语位置的制约因素，《汉语学习》第6期。

例（8）（9）是两个“把”字句。“动趋式可以带受事宾语，也可以带处所宾语。这两样都出现的时候，用‘把’字把受事宾语提到动词前边去。”（《现代汉语八百词》第1版第11页）例（8）的动词“拿”带的受事宾语“书”提到前边去了，例（9）的动词“带”的受事宾语“儿子”提到前边去了，两例动词后边都带了“趋向补语+处所宾语”。这两例表面上看来符合上边所引用的论述，但实际上仍然不能成立，这是为什么呢？

这是因为上边所引的论述只限于趋向补语“上”“下”“进”“出”“回”“过”以及由它们和“来”“去”组成的复合趋向补语，（注意：如果是复合趋向补语，处所宾语应放在复合趋向补语中间，见下边一节的论述）唯独“来”和“去”除外。《现代汉语八百词》第1版（第37页表四）在列表说明这种句型时所举的例子有：

他把信投进邮筒了。

你把我们领到哪儿去了？

他们简直把她捧上了天。

历史把他们扔进了垃圾堆。

就是没有以“来”“去”为趋向补语的例子。这是不奇怪的，因为在“把”字句中，动词谓语后边如果有趋向补语“来”或者“去”，那么后边就不能再出现处所宾语了。例（8）（9）之所以不能成立，原因就在于此。

改正方法：

（8）你把书拿（到）这儿来。

（9）妈妈把儿子带到楼下的小卖部来。

3. 复合趋向补语和处所宾语的位置

（1）上课二十分钟的时候，他才走进来教室。

（2）它好像掉进去这个洞里了。

（3）老大爷把那个娃娃抱回来自己的家。

（4）海龟说："我很想把你带回去龙宫。"

（5）鸽子飞上去天了。

（6）上了两节课以后，同学们都走出去教室，有的做操，有的吸烟。

这些例子的共同点在于都有"动词 + 复合趋向补语 + 处所宾语"这个结构。在分析第 2 类偏误时已经说过，在"动词 + 趋 $_1$+ 趋 $_2$"结构中，处所宾语只能在趋 $_1$ 之后、趋 $_2$ 之前。上引各例明显不符合这条规则，因此都不成立。改正的方法自然是要把"趋 $_1$+ 趋 $_2$"后边的处所词语移到趋 $_1$ 和趋 $_2$ 之间去。

动词后边带的复合趋向补语本身是可以分析的：

第一，复合趋向补语不是简单趋向补语的任意组合。在复合趋向补语中，前边的趋 $_1$ 分别是简单趋向补语"上""下""进""出""回""过""起""开"，后边的趋 $_2$ 不是"来"就是"去"。也就是说，所有的复合趋向补语的第二部分（即趋 $_2$）都是"来 / 去"。在分析第 2 类偏误时我们已经论证了作为趋向补语的"来 / 去"后边不能带处所宾语的原因，这种分析对以"来 / 去"为趋 $_2$ 的复合趋向补语同样适用。

第二，在复合趋向补语"趋 $_1$+ 来 / 去"这个结构中，趋 $_1$ 和"来 / 去"这两部分的意义构成是不一样的。如果说"来 / 去"的意义在于指明趋向，那么趋 $_1$ 的意义很像介词。"跟某些外语比较，当动趋式动词后边是代表处所的名词时，动趋式里的趋 $_1$ 的作用像一个介词。"（《现代汉语八百词》第 1 版第 34 页）吕叔湘先生的这个观点是非常有意义的。既然趋$_1$近似于介词，那么它就总是要求处所性的宾语紧随其后，这是很自然的。[①]

4. 关于“动词 + 趋向补语 + 在 + 处所”

（1）他刚躺下在床上，突然有人敲门了。

（2）他一进屋，就坐下在椅子上。

（3）一大滴松脂刚好落下在蜘蛛的身上。

（4）她把书包放下在旁边。

（5）贾岛被带来在韩愈的面前。

（6）我把水果买来在回家的路上。

对这些误例可以从几个方面加以分析。

这些例子当中都包含“动词 + 趋向补语 + 在 + 处所”，汉语里不存在这种结构，这是因为：

首先，从趋向补语的性质来看，“趋向补语表示趋向意义时，表示的不是动作的趋向，而是人或物通过某一动作，在方向方面达到的一种结果……所谓趋向意义表示的也是一种结果，不过是方向方面的结果”[②]。例（1）—（4）中的“下”就是前边动词“躺”“坐”“落”“放”的结果，例（5）（6）中的“来”就是前边动词“带”“买”的结果。再从“在 + 处所”来看，“在床上”“在椅子上”“在蜘蛛身上”“在旁边”“在韩愈面前”里的“在”同样是前边动词“躺”“坐”“落”“放”“带”的结果。在汉语里，一个句子中的同一个动词谓语是不能同时带两个表结果意义的成分的。汉语里绝大多数“动词 + 补语”

---

① 参见张伯江（1991）动趋式里宾语位置的制约因素，《汉语学习》第3期。

② 刘月华（1988）趋向补语的语法意义，《语法研究和探索（四）》，北京大学出版社。

结构后边都不能带“在＋处所”，原因正在这里。[①]

改正方法：

例（1）—（4）去掉“下”；

例（5）中的“韩愈的面前”显然是贾岛随着动词“带”所到达的处所，应当把“来”改成“到”，同时去掉“在”；

例（6）中“回家的路上”如果是指动作“买”发生的地点，那就应改为“我在回家的路上把水果买来”，如果表示“买”的起点，那就改成“我从回家的路上把水果买来”。

5. 定指宾语不能在“趋$_1$＋趋$_2$”之后

（1）他看起来今天的报。

（2）过了几天，他想起来自己的妈妈。

（3）叔叔想起来他的侄女。

（4）说起来草木染法，我就想起来明坂尚子女士。

（5）哥哥不由分说，就骂起来他了。

这些例子里动词谓语后边都带了复合趋向补语“起来”，后边又都带了非处所性的名词或人称代词。按现代汉语普通话的规则，这些例子中的宾语都应当放在复合趋向补语的中间。比如，例（1）应改成“他看起今天的报来”；例（2）应改成“过了几天，他想起自己的妈妈来”。其余依此类推。

这种现象的理据何在呢？

第一，从音节上说，“单音节动词要求一个补语性质的东西贴在其后构成一个双音节的动词单位，这是近代汉语发展中的普遍现象”[②]。

---

① 范继淹（1986）论介词短语“在＋处所”，《范继淹语言学论文集》，语文出版社。

② 张伯江（1991）关于动趋式带宾语的几种语序，《中国语文》第3期。

单音节动词如果带上"$趋_1+趋_2$"，则成为三音节，这不符合汉语词汇发展过程中的双音化规律。后边所带的名词宾语既有单音节的，又有多音节的，而且该名词宾语又可以自由地带上定语，因此无法靠宾语同单音节动词的组合来构成双音节的动词单位。这样一来，单音节的动词与单音节的$趋_1$组合成一个双音节的动词性单位，就成了唯一可能的选择。①

第二，从语法上看，正如吕叔湘先生所说，"动结式和动趋式短语都有完成的意思"②，趋向动词有"结束动词之势"③。要表达"完成""结束"的意思，而且要取得位置的固定化和功能的专职化，唯一可行的办法就是让$趋_1$紧紧地粘附在动词的后边，把$趋_2$移到宾语的后边。

第三，从宾语的性质来看，"动词＋$趋_1+趋_2$"的后边在一定的条件下是可以带宾语的。比如：

他终于想出来一个好办法。

我想起来一件事。

他已经攒起来一些钱。

我们又发动起来一些群众。

他从书包里掏出来一本书。

校园里又盖起来几座楼。

这些例子之所以成立，是因为"动词＋$趋_1+趋_2$"后边所带的名词性宾语是不定指的。"一些""几座"固然表明后边的名词是不定指

① 钟兆华（1985）趋向动词"起来"在近代汉语中的发展，《中国语文》第5期。

② 吕叔湘（1992）《吕叔湘文集》第3卷第519页，商务印书馆。

③ 吕叔湘（1990）《吕叔湘文集》第2卷第133页，商务印书馆。

的，"一个""一件""一本"后边的名词同样是不定指的。我们可以说"我想起来一件事"，但却不能说"我想起来这件事"，因为"这件事"是定指的。对比之下，上引例（1）—（5）中"动词＋趋$_1$＋趋$_2$"后边的名词性宾语都是定指的，因此都不能成立。

朱德熙先生在一篇文章中曾转引过一些语法论著引用的例子，如"他抓起来笔""弟弟想起来她，心里有气""我想出来了那个字"，他认为"这几例可疑，至少北京话不说，因为定指宾语不能放在复合的趋向补语之后"①。

6. 抽象名词宾语和趋向补语的位置

（1）他的要求给我带困难来了。

（2）联欢会给我们带友谊和快乐来了。

在包含简单趋向补语的句子中，如果动词所带的宾语是表示抽象事物的名词，那么它只能位于"来""去"之后。例（1）中的宾语"困难"和例（2）中的宾语"友谊"和"快乐"都是抽象名词，都应当放在"来了"之后。

7. 和表示状态意义的趋向补语有关的几个问题

这里所说的"表示状态意义的趋向补语"是指表示进入新状态的趋向补语，这种新状态是指"人或事物状态的变化……动作或状态在时间上的展开、延伸"②。这类补语是从意义上对趋向补语进行再分类的结果。

外国学生在这方面容易出现的问题主要有以下几类：

---

① 朱德熙（1988）现代汉语语法研究的对象是什么，《语法研究和探索（四）》，北京大学出版社。

② 刘月华（1988）趋向补语的语法意义，《语法研究和探索（四）》，北京大学出版社。

A 类：误用“把”字句

（1）警察和乘务员把旅客的行李检查起来。

（2）我把这本小说看起来。

（3）说完，他把那壶酒喝起来。

（4）说完以后，我把汽车修理下去。

（5）他继续把这个山挖下去。

例（1）（2）（3）中的“起来”表示前边的动作行为开始并继续的状态，例（4）（5）中的“下去”表示动作行为不停地继续进行的状态。这两种情况都不应当用“把”字句。

有一次，电视中的一位节目主持人对在场的群众说：“现在请大家把手拍起来。”这只能判为错用“把”字句或错用“起来”。

改正如下：

（1）警察和乘务员检查起旅客的行李来。

（2）我看起这本小说来。

（3）说完，他喝起那壶酒来。

（4）说完以后，我继续修理汽车。

（5）他继续挖这个山。

B 类：动宾格和“起来”

a.（1）孩子们见到我们，马上鼓掌起来。

（2）他一感冒就发烧起来。

（3）我刚说请换一个，服务员就生气起来。

（4）他做完作业就洗澡起来。

（5）小羊一高兴，就在河边吃草起来。

（6）韩愈和贾岛讨论诗句的修改起来了。

b.（1）大家拍着手，唱起来歌，跳起来舞。

（2）那时，我写起来汉字，就像画画儿。

（3）他说起来话像唱歌。

a、b 两类偏误的性质和原因有同有异。先说相同的一面。

a 类中的“鼓掌”“发烧”“生气”“洗澡”“吃草”“讨论……修改”和 b 类中的“唱歌”“跳舞”“写汉字”“说话”都是“动词 + 宾语”的动词性结构。当它们与复合趋向补语（这里是“起来”）组合的时候，其宾语部分要放在复合趋向补语的中间。这里的 a 类把宾语放在了复合趋向补语前边，b 类把宾语放在了复合趋向补语后边，两类都不符合汉语的规则。当然，外国学生之所以这样用，也往往与母语的干扰有关。两类中有些动宾结构在学生的母语中是不可分解的动词，如“鼓掌”“发烧”“生气”“洗澡”“唱歌”“跳舞”。当这类动宾格的动词性结构与复合趋向补语组合的时候，他们往往不知道如何安排宾语和复合趋向补语的位置，于是造成偏误。

b 类之所以不对，还有另外的原因。该类的三例中分别有“唱起来歌，跳起来舞”“写起来汉字”和“说起来话”，它们的格式为“动词 + 趋$_1$ + 趋$_2$ + 宾语”，而宾语的前边都没有定语。这种用法在汉语里是没有存在的地位的。汉语里当然有这种格式，但条件是其中的宾语前面一般要有定语，就是说，在“动词 + 趋$_1$+ 趋$_2$+ 宾语”这个格式里，宾语应当有足够的长度（音节数）。这是因为这种格式倾向于引入新的信息，而对新信息加以修饰说明是很自然的，[①] 因为这是表达的需要。正因为如此，该格式有排斥较短宾语而要求有较长宾语的强烈倾向，“宾语中名词前一般都有数量词或其他修饰成分，

① 张伯江（1991）关于动趋式带宾语的几种语序，《中国语文》第 3 期。

单独的名词极少见”[①]，“宾语都是由于自身的复杂而置于复合趋向补语之后的”[②]。

b 类偏误的出现与基础语法阶段的教学不无关系。比如《实用汉语课本》（商务印书馆，1992 年）就写道：“带复合趋向补语的动词之后……如果宾语是一般事物，则可以放在‘来、去’之前，也可以在‘来、去’之后。”这里没有强调宾语应有的长度，容易形成教学误导。

C 类：程度副词和“形容词 + 起来”

（1）听到这个消息，我心情很高兴起来。

（2）她的表演使联欢会十分热闹起来。

（3）一想到母亲的病，我就非常难过起来。

这些例子中形容词“高兴”“热闹”“难过”都是性质形容词，后边都有表示状态意义的趋向补语“起来”，前边分别有程度副词“很”“十分”“非常”。这都不对。改正方法是在程度副词和“起来”二者之间取其一。

为什么呢？

先说“起来”。汉语的形容词带上“起来”表示状态的变化，即一种状态向另一种状态的转变。这种变化或转变都包含着动态意义，这种意义本身就决定了不可能再有什么程度问题，因此“起来”不能与程度副词同现。

另一方面，从程度副词方面来看，程度副词的作用是对其后形容词的程度加以描述，“程度副词 + 形容词”这种结构本身在语义上是自足的。性质形容词都具有［-A → A］的语义特征，受程度副词

---

① 范继淹（1986）《范继淹语言学论文集》，语文出版社。

② 陈信春（1982）同复合趋向补语并见的宾语的位置，《中国语文通讯》第 5 期。

修饰以后，表示对某个时点上已经具有的性质和程度的确认和描写，可见“程度副词 + 形容词”是静态的，因此它和表示动态变化的“起来”不可能同处在一个句子里面。

主要参考文献

陈信春（1982）同复合趋向补语并见的宾语的位置，《中国语文通讯》第 5 期。

范继淹（1986）《范继淹语言学论文集》，语文出版社。

刘月华（1988）趋向补语的语法意义，《语法研究和探索（四）》，北京大学出版社。

刘月华等（1983）《实用现代汉语语法》，外语教学与研究出版社。

吕叔湘主编（1980）《现代汉语八百词》第 1 版，商务印书馆。

吕叔湘（1990）《吕叔湘文集》第 2 卷，商务印书馆。

吕叔湘（1992）《吕叔湘文集》第 3 卷，商务印书馆。

张伯江（1991）关于动趋式带宾语的几种语序，《中国语文》第 3 期。

张伯江（1991）动趋式里宾语位置的制约因素，《汉语学习》第 6 期。

钟兆华（1985）趋向动词“起来”在近代汉语中的发展，《中国语文》第 5 期。

朱德熙（1982）《语法讲义》，商务印书馆。

朱德熙（1988）现代汉语语法研究的对象是什么，《语法研究和探索（四）》，北京大学出版社。

第二十九章 可能补语 29

可能补语也叫补语的可能式，顾名思义，它是表示可能性的句法成分。具体点儿说，可能补语表示主客观条件是否允许某种结果、趋向、变化以及动作本身的实现。汉语的可能补语有三种构成方式，也就是有三类可能补语：

A 类：由“得 / 不 + 结果补语 / 趋向补语”构成；

B 类：由“得 / 不 + 了（liǎo）”构成；

C 类：由“得 / 不得”构成。

根据我们搜集到的材料可以看出，具有中等以上汉语水平的外国人在可能补语方面存在的问题主要是集中在 A、B 两类可能补语上。

∷ 偏误分析 ∷

第 1 类

（1）他今年考不上大学，碰了钉子。

（2）“半瓶醋”的意思是说他还学不好。

（3）今天早上，他存心不按时叫我。结果，我赶不上火车。

（4）她说的话都是“外交辞令”，实际上她爱不上我。

这些例子中都包含“动词 + 不 + 结果补语”这样的结构。该结构是可能补语的否定式，表示根据主观或客观条件不可能实现某个结果。如“他一向不努力学习，今年一定考不上大学”，这是指“他”不具备考上大学的条件，根据“他”的条件，不可能实现考上大学的结果。例（1）—（4）所表达的都是过去已经发生的事情产生的否定性的结果，而不是否定该事情的结果产生的可能性。如例（1）“他今年考不上大学”是指根据“他”的条件不可能产生考上大学的结果，但后边又有“碰了钉子”，可见已经考完了，结果已经产生了。当然，这个结果是否定的，因此应当用结果补语的否定式。这样，例（1）就应当改为“他今年没考上大学，碰了钉子”。

例（2）中的“半瓶醋”是已经产生的结果，不是表示可能性，因此应该改用结果补语的否定式“……他还没学好”。

例（3）中“他存心不按时叫我”发生在“今天早上”，其结果应当是“赶上火车”的否定式“没赶上火车”。

例（4）是说一个姑娘用“外交辞令”拒绝“我”对她的爱，这个行为本身就体现了“爱”的否定性的结果，即“没爱上”。

以上四例的问题具有相似性：本应该用结果补语的否定式却用了可能补语的否定式。

第 2 类

（1）现在，那座小山上连一棵树也不看见。

（2）当太阳快要落山的时候，他们心里有些着急了，因为天黑以前他们恐怕不赶到太阳寨。

（3）丽萍找对象的条件太高，所以她不找到对象。

例（1）是要否定“看见”的可能性，例（2）是要否定“赶到（太阳寨）”的可能性，例（3）是要否定“找到（对象）”的可能性。但是，

“看见”“赶到”“找到”都是“动词＋结果补语”，当用此格式来表示对这种可能性的否定时，汉语不是在前边加“不”，而是把“不”插在动词和结果补语的中间，构成可能补语的否定式。这样，以上三例就应分别改成“……连一棵树也看不见”“……他们恐怕赶不到太阳寨”“……所以她找不到对象”。

第 3 类

（1）张老师讲课时说话太快了，连我们班水平最高的学生也不能听懂。

（2）最近作业太多了，每天到夜里十二点都不能做完。

（3）西双版纳的风景太迷人了，我不能忘掉。

（4）门太小，机器太大，不能抬进去。（佟）

（5）我刚到中国的时候，一句中国话也不能说出来。（佟）

（6）对不起，我不能说上来。（佟）

以上各例都含有“不＋能＋动词＋结果补语 / 趋向补语”，其中的“不能”是对后边动补部分的否定，即表示“听懂”“做完”“忘掉”“抬进去”“说上来”的不可能。

要表达这样的意思，汉语里不是用“不能”式，而是用可能补语的否定式，即“V 不 C”（“C”代表补语）。“如果就其否定形式来说，在表示不可能的句子里，多用‘V 不 C’，很少用‘不能 VC’。究其原因，并不在于习惯，而在于两者所表示的意向不同，‘不能’比较倾向于表示‘禁止’的意向。”[①] 比如，例（4）中的“不能抬进去”

① 杉村博文（1992）V 得 C、能 VC、能 V 得 C，载北京语言学院语言教学研究所编《现代汉语补语研究资料》，北京语言学院出版社。

多是指禁止、不允许抬进去，可句中的“门太小，机器太大”是说门小、机器大这个客观条件使“抬进去”成为不可能的事。

汉语里也有“不能 VC = V 不 C”的用法，但一般用于对某事物发表评论、提出看法，因为在这种情况下“不能 VC”没有“禁止”的意思。如：

这种药不能治好病。

衣服脏成这个样子，已经不能洗干净了。

没有大家的努力，这件事就不能做好。

第 4 类

（1）那时我开不窍，不了解她的心。

（2）那时我还了不解，很难受，但现在明白了。

（3）母亲觉得那样做对儿子可能不利，因此决不定。

（4）我决不定那样做好不好。（佟）

（5）这课语法比较难，不多复习就掌不握。（佟）

汉语里许多动补格的双音节结构可以在中间加上“得 / 不”构成可能补语的肯定式和否定式，如：

推翻：推得翻　推不翻　　　打倒：打得倒　打不倒

完成：完得成　完不成　　　打开：打得开　打不开

赶走：赶得走　赶不走　　　抓紧：抓得紧　抓不紧

端平：端得平　端不平　　　站稳：站得稳　站不稳

放松：放得松　放不松

外国学生不了解哪些词有这样的变化格式、哪些词没有，因此就很可能把这种变化格式推而广之，类推到不能有此变化格式的其他双音节词上，造成类推性偏误。显然，这是汉语内部语法规则的负迁移。上引各例中“开窍”“了解”“决定”“掌握”都不属于动补格，因此都不对。这些动词如果要构成可能式，应当在其后加上“得了 / 不了”（“了”读 liǎo）。

第 5 类

（1）今天天气这么不好，还照相得了吗？

（2）我一向爱登山，可后来腿受伤了，就登山不了了。

（3）隔壁的学生每天深夜放录音，声音很大，使我睡觉不了。

（4）这么多人喝一壶酒，太少了，过瘾不了。

“照相”“登山”“睡觉”“过瘾”都是动宾格动词。这类动宾格的可能式是把可能补语放在动宾格的中间，也就是放在动宾格的动词性成分之后，如“照得 / 不了相”“登得 / 不了山”等。之所以如此，是因为“照相”等格式严格说来是动宾短语，在句法功能上起动词作用的是“照”“登”“睡”“过”。

第 6 类

（1）这么一来，我把对她的幻想扔得掉了。

（2）我第一次到中国来，怎么把汉语听得懂？（佟）

（3）你把中文电影看得懂看不懂？

（4）我们把所有的东西都搬到新屋子里去了，现在只要把新屋子扫得干净就是了。

（5）我们一定要把这些问题解决得好。

在“把”字句一章里，我们曾经讨论过这类偏误。从可能补语方面来看，无论肯定式还是否定式，它总是表示主观或客观条件是否允许实现某种结果、变化或趋向，它表示的是一种可能性；再从“把”字句方面来看，“把”字句的意义重点是通过谓语动作的实现给“把”的宾语带来某个结果或变化，因此“把”字句要求谓语产生某种确定的结果或变化，而不应当只是产生某种结果、变化或趋向的可能性。总之，“把”字句的这个语义要求同可能补语所表示的意义是矛盾的，不管这个可能补语是肯定式还是否定式。

以上各例都是“把”字句，谓语后边又都带了可能补语，因此都不能成立。

例（4）（5）还需要从另一方面分析。这两例的补语都是由单个儿的形容词充任的（“干净”和“好”），这就造成了可能补语与状态补语的同形。光看“扫得干净”“解决得好”，既可看成动词带可能补语的肯定式，也可以看成动词带状态补语。因此，此二例如何改可按例子表达的意思来决定：

如仍用“把”字句，则可改为：

（4）：只要把新屋子扫得干干净净就是了。

或：只要把新屋子扫干净就是了。

（5）：我们一定要把这些问题解决得十分彻底。

或：我们一定要把这些问题解决好。

第7类

（1）这片森林非常大，天也非常黑，所以我们找了半天也找不了路。

（2）我家住在北海道，寒假我打算坐飞机回家。但是飞机一天也飞不了。

（3）这五十块钱留给你买书。听说书很贵，这五十块钱也买不起几本书。

（4）因为钱不多，所以他买不到那件大衣。

（5）自从分手以后，我再也见不来她了。

（6）天快黑了，看来他们天黑前赶不上太阳寨了。

例（1）（2）中的“找不了”和“飞不了”是可能补语的否定式。这里的“了”用在动词后，“表示对行为实现的可能性做出估计”（《现代汉语八百词》第1版第327页）。“找不了路”应当是对“找”这个行为本身实现的可能性做出否定性的估计，“飞不了”应当是对“飞”这个行为本身实现的可能性做出否定性的估计。但例（1）中已有“找了半天”，可见“找”的行为已经发生，不存在“找”这个行为本身有无可能实现的问题。实际上，学生要表达的不是不可能“找”，而是没有达到“找”的结果。要表示这样的结果，应当用结果补语“到”或“着”，放在“找不”后面构成可能补语的否定式。同样的道理，例（2）中的“飞不了”是指“飞”没有实现的可能性（如飞机本身有毛病或天气恶劣使飞机无法飞行）。原例显然不是这个意思，而是说因路远用一天的时间不能实现想达到的目的或结果，按这样的意思，应当改用结果补语“到”，让“到”在“飞不”后面构成可能补语的否定式。

例（3）中的“买不起”是指人不具备“买”的经济能力或条件（参看《现代汉语八百词》第1版第390页对“动＋得［不］＋起［＋名］”的解释）。句中有“五十块钱”和“几本书”，显然是说这“五十块钱”不可能实现买更多的书的结果或目的，因此“买不起”应改成“买不了”。

例（4）前句中有“钱不多”，是属于“他”主观方面的原因，这个原因使“买那件大衣”这一目的不可能实现，应当用“买不了”。

例（5）中的“见不来”不对，汉语里只能说“见不到”或“见不着”。

“来”作为趋向动词，可以在“动 + 得（不）+ 来”中做可能补语，这主要用于位移性动词。除此以外，还有下面两种情况：

[1] 动词限于“谈、说、合、处”等，表示是否融洽，如“他们俩很谈得来”“我跟他合不来”；

[2] 用于非位移性一般行为动词，而且一定是单音节的，表示有没有能力完成某个动作，如“这种菜我吃不来”“这个事我可做不来”。

“见”不属于上述任何一种，所以“见不来”不能成立。

例（6）中的“赶”按句义是“加快行动、抓紧赶路”的意思，“太阳寨”是行程的终点或目的地，应当用“赶不到”。这是因为“赶不上”中的“赶”表示的是追赶（如“我赶得 / 不上他”）或是否来得及做某事（如“赶得 / 不上看电影”）。

第 8 类

（1）半小时我做得完了今天的练习。（佟）

（2）我这个星期看得完了从图书馆借的那本书。（佟）

（3）过了一个小时后，我才买得到了三张火车票。

这些例子中都包含“动词 + 得 + 可能补语 + 了”这个结构段，问题出在“了”上。“带可能补语的述补结构之后不能加动词后缀‘了’和‘过’。”① 这些例子中的“了”都应去掉。

① 朱德熙（1982）《语法讲义》第 132 页，商务印书馆。

主要参考文献

郭志良（1980）可能补语“了”的使用范围，《语言教学与研究》第 1 期。

李宗江（1994）“V 得（不得）”与“V 得了（不了）”，《中国语文》第 5 期。

刘月华（1980）可能补语用法的研究，《中国语文》第 4 期。

杉村博文（1982）V 得 C、能 VC、能 V 得 C，《汉语学习》第 6 期。

史有为（1994）“把墙刷得白”为什么不能说，《汉语学习》第 2 期。

史有为（1994）得说“不能来上课了”，《汉语学习》第 5 期。

王红旗（1993）谓词充当结果补语的语义限制，《汉语学习》第 4 期。

朱德熙（1982）《语法讲义》，商务印书馆。

第三十章 状态补语和程度补语

30

状态补语和程度补语过去在对外汉语教学界统称程度补语。1977 年商务印书馆出版的对外汉语教材《汉语课本》改称“情态补语”。1979 年王还先生提交第十二届国际汉藏语言学会（巴黎）的论文题目是《汉语结果补语的一些特点》，文中一开始就说：“所谓结果补语就是补语前有‘得’而不表示可能的。一般语法书称之为程度补语。其实结果补语这名称更为确切，因为它确实是说明动词所代表的动作的结果的。”① 1983 年刘月华等所著《实用现代汉语语法》沿用“情态补语”的提法。该书在“情态补语”一节中是这样写的：“情态补语主要指动词或形容词后用‘得’连接的补语，由‘得个’‘个’连接的补语，以及由‘极’‘透’‘死’‘坏’等充任的表示程度意义的补语，也属于情态补语。”在介绍第一类用“得”连接的情态补语时，该书把“很”“慌”“多”“不得了”“了不得”“要死”“要命”“不行”“可以”等充任的补语叫作“表示程度的情态补语”②。

1992 年，鲁健骥先生在《语言教学与研究》第 1 期上发表《状态补语的

---

① 王还（1994）汉语结果补语的一些特点，《门外偶得集》（增订本）第 1 页，北京语言学院出版社。

② 刘月华等（1983）《实用现代汉语语法》第 366—367 页，外语教学与研究出版社。

语境背景及其他》。该文所说的状态补语“是指在谓语动词或形容词带‘得’后，用来评价、判断或描写‘得’前动词、形容词或名词（施事、受事）的成分，也就是通常所说的‘程度补语’中的一部分”（第32页）。次年，鲁健骥先生在《状态补语的句法、语义、语用分析在教学中的应用》一文中又重申了前文提到的关于状态补语的定义，明确指出：目前对外汉语教材把他所指称的状态补语都笼统地认作是表示动作程度的，而且其语义指向仅仅指向“得”前的动词或形容词，“是不符合语言实际的……正因为如此，对外汉语教学中目前对状态补语的解释都是不准确的，因而使学生感到费解”[①]。

1992年，《现代汉语补语研究资料》一书出版。陆俭明先生在为该书所作的序中列出了九种类型的述补结构。其中，带程度补语的述补结构有两类：一类是述语和补语直接粘合，指的是“C. 带程度补语的述补结构（如：好极了/坏透了/香死了/气坏了）”；另一类是述语和补语之间用“得”组合的，其中又分两种，即“E. 带状态补语的述补结构（如：洗得很干净/跑得太累了/说得不很清楚/写得不好/跑得喘不过气来/吵得谁的话都听不见/打得他胳膊都疼了）”和“F. 带程度补语的述补结构（如：好得很/高兴得不得了/喜欢得了不得/累得慌/气得要命/恨得要死/疼得厉害/挤得不成）”。陆俭明先生在这里是把程度补语和状态补语相提并论的。

介绍以上情况只不过是想说明：在这个问题上，在对外汉语教学领域内，无论是概念的运用还是意义的界定，都还是没有很好地解决的问题，因此就显得有些混乱。这对外国人学汉语是不利的。

为了便于分析外国人的偏误，我们的做法是：

第一，不用情态补语统辖程度补语和状态补语；

第二，把程度补语和状态补语分开，不用程度补语统辖状态补语。

---

① 鲁健骥（1993）状态补语的句法、语义、语用分析在教学中的应用，《语言教学与研究》第2期。

:: 偏误分析 ::

1. 状态补语

第 1 类

(1) 他跑比较快。

(2) 他讲很好，你们应该听下去。

(3) 他写多么整齐啊！

(4) 听说北京一刮风天气就会变很冷。

(5) 他高兴说不出话来。

这些例子中谓语动词或形容词后边的补语都是状态补语，都应当用结构助词“得”把它与前边的谓语连接起来。

缺少了“得”，一方面句子的结构不完整，同时也很容易造成误解。比如例（2），本来应该说成“他讲得很好”，这是对“他”所讲的内容的评价、判断或描写；没有“得”字，只说“他讲很好”，其中的“很好”就很容易被理解成对“他讲”这个主谓结构的评价或判断，而与所讲的内容不一定有关系，整个句子也变成由主语“他讲”和谓语“很好”构成的形容词谓语句了。对比：他讲很好，你讲不好。

第 2 类

(1) 她跳迪斯科很好。

(2) 这个男孩儿刚十几岁，可每天照顾弟弟妹妹很好。

(3) 因为我们的语言没有声调，所以我们说汉语很不好。(佟)

(4) 因为他说英语很流利，所以我以为他已经学了好几年，其实他只学了一年半。(佟)

这类偏误的性质与第 1 类相同，不同之处在于句子中的动词谓语都带了宾语。

单就语言表现而言，很难说例（1）（2）不对。因为“她跳迪斯科”和“每天照顾弟弟妹妹”可以作为句子的主语或话题，“很好”可以作为谓语对主语或话题加以陈述、判断或描写。如果是这样的意思，例（1）（2）就是正确的。如果例（1）是对“她跳迪斯科”所表现出来的结果或状态加以评价、判断，那么“很好”就是状态补语；同样，例 (2) 如果是对“每天照顾弟弟妹妹”的结果或状态加以评价、判断，“很好”也是状态补语。在这种情况下，例（1）（2）在“很好”前应当重复动词，前边的动词带上宾语“迪斯科”和“弟弟妹妹”，后边的动词带上“得”以后再加上补语“很好”。例 (1) 也可以把宾语提前，说成“她迪斯科跳得很好”或“迪斯科她跳得很好”。例（2）的宾语“弟弟妹妹”是指人名词，为防止误解，不宜提前，但可以改用“把”字句：这个男孩儿刚十几岁，可每天把弟弟妹妹照顾得很好。

例（3）的语义内容决定了“很不好”只能是状态补语，所以应该重复动词或者把宾语提前，说成“……我们说汉语说得很不好”或者“……我们汉语说得很不好”。

例（4）的“很流利”是对动作“说”的描写，只能是状态补语，应当重复动词，或者把宾语提前。

第 3 类

（1）宁采臣的妻子得病得很厉害。

（2）杨老师上课开头儿得很有意思。

（3）服务员聊天儿得很热心，忘了找我钱。

（4）他跑步得很努力，好像一点儿也不累。

（5）昨天晚上要不是跳舞得那么晚，我现在不会困。

（6）那一年地主逼债得他爸爸妈妈没有办法，只好让他去给地主放猪。（佟）

这些例子中的“得病”“开头儿”“聊天儿”“跑步”“跳舞”“逼债”都是动宾格的结构，这一点与第2类中的“跳迪斯科”“照顾弟弟妹妹”等结构相同。不同之处有两点：

第一，“得病”“开头儿”等结构紧密，而“跳迪斯科”等则是一般的动宾搭配关系；

第二，这些例子中动宾格后边都带了“得”。

看来学生是了解这些例子中状态补语的意义的，也知道用结构助词“得”来把谓语和状态补语组合在一起，但是他们在结构上出了问题。在他们看来，“得病”“开头儿”等都是一个个不可分解的词语（这很可能是他们母语干扰的结果），因而不能把其中前边的动词性成分提取出来加以重复，于是就把“得＋状态补语”放在了这些动宾格结构之后。

值得注意的是，这些例子都不宜用宾语提前的办法来改正。例(2)和例(5)勉强可把“头儿”和“舞”提到动词前，但一定不能提到主语前。其余各例的宾语部分“病”“天儿”“步”“债”提到动词前都不合适。

第4类

（1）他们三个人谈了很多情况，谈得热闹。

（2）这次练习我一定要写得清楚。

（3）张老师讲得明白。

例(1)的“热闹”是对动词“谈”加以描写。例(3)的“明白”

是对隐含了的“讲”的宾语加以描写。这三例的状态补语都是由形容词充任的，而且都是光杆儿形容词。正如马真先生所指出的那样：“当补语由单个形容词充任时，这样形成的述补词组跟带可能补语的述补词组的肯定形式相同。”[①] 比如例 (3)，只说“张老师讲得明白”，既可以理解成张老师有可能讲明白，这时“明白”就是可能补语，也可以理解成“明白”是描写张老师所讲的结果的，这时“明白”就是状态补语。在现实的交际中，这类句子是要靠具体的语言环境来明确其意义的。没有相应的语言环境，这类句子就很少使用，否则容易造成误解。另外，这类句子与一般形容词谓语句一样，一般要在形容词前加上程度副词。这三例在做状态补语的形容词前边加上程度副词，如“很”，就都很自然了。这里的“很”表示程度的意义已经有些弱化了，但总还是表示程度范畴的，其作用是给句子添加上程度范畴使句子得以成立，是一种“完句成分”[②]。

第 5 类

A 类：

（1）有一天，我突然发现他病了很厉害。

（2）他来到医院以后，医院里的气氛变了很乐观。

（3）不知为什么，这几个月我的同屋瘦了很厉害。

（4）老农民感动了说不出话来。（佟）

（5）最近他生活了不太愉快。（佟）

---

① 马真 (1988)《简明实用汉语语法》（修订本）第 75 页，北京大学出版社。

② 黄南松（1994）试论短语自主成句所具备的若干语法范畴；又见孔令达（1994）影响汉语句子自足的语言形式。均见《中国语文》第 6 期。

B 类：

（1）隔壁的同学听音乐总是喜欢把声音放着很大。

（2）他的衣服破着很厉害，应该换一件新的了。（佟）

（3）这雨下着很及时，已经两个月没下雨了。（佟）

A 类各例在状态补语前有动态助词“了”，B 类各例在状态补语前有动态助词“着”。汉语里不存在这两种用法。这里的“了”和“着”都应当改用结构助词“得”，用“得”把谓语和状态补语连接起来。

外国学生为什么会出现此类偏误?

我们固然可以把原因归结为外国学生不会用“得”连接谓语和状态补语，但这只是表现出来的结果，其深层的原因是学生母语时态观念的干扰。在“语法偏误分析”课上，笔者问学生为什么在状态补语前用“了”，他们回答说是因为句中的动词已经发生或完结，可见是母语的时态观念在起作用。

汉语动态助词表示动词的“态”，状态补语是对动词（或形容词）、施事或受事加以描写、判断或评价的，这两种语法成分不能在动词后边一起出现。如当问“你昨天吃烤鸭了吗”时，肯定性的回答可以是 a、b，但不能是 c：

问：你昨天吃烤鸭了吗?

答：a. 吃了。

b. 吃了，吃得很满意。

c. * 吃了很满意。

第 6 类

（1）他一抬头看见了墙上挂着的照片，站在那里，看得很长时间。

（2）……于是，小杰哭起来，哭得大半天。

“很长时间”和“大半天”是表示“看”和“哭”持续的时量的，应当用时量补语，前边要用“了”与动词谓语连接起来。

状态补语不能用表时量的词语充任，这是因为要对动词、形容词或与其有语义关系的施事、受事加以评价、描写或判断，时量补语是无能为力的。数量和状态是不同的范畴，是不能互相代替的。

2. 程度补语

（1）他的妻子病得很。

（2）十个月后的今天，我的汉语水平提高得多。

（3）他每天锻炼得多。

（4）在北京，人们的服装这几年变得多。

（5）他把我的话忘得多。

（6）你这样看问题错得多。

这些例子中的补语都是程度补语。

程度补语无论是带“得”（组合式）还是不带“得”（黏合式），前边的谓语都只能是两类词：一类是形容词（只限性质形容词，非谓形容词和状态形容词不能带程度补语①）；另一类是表示人的心理活动的动词，即心理动词。

例（1）—（5）谓语后边都是带“得”的程度补语，谓语动词都不是心理动词，而只是一般的行为动作动词，这些动词都不能带程度补语，因为一般的行为动作动词不负载程度意义。比如，“走”

① 马庆株（1992）《汉语动词和动词性结构》第154—155页，北京语言学院出版社。

是一般行为动作动词，它本身不可能有什么程度问题，因此“走得很”“走极了”是不可思议的。心理动词（如“讨厌”“喜欢”“爱”“恨”等）本身存在着程度问题，因此可以带程度补语（“讨厌极了”“恨得要死”）。性质形容词因为是表示性质的，而性质本身必然负载程度意义，所以这样的形容词自然可以带程度补语（“漂亮极了”“紧张得不得了”）。

根据以上分析，现在来看看上引各例的改法：

例（1）“病得很”中的程度补语“很”不表示比较意义，“前头的述语可以由多数形容词、心理动词、感受动词充任”①，“病”不属于这几类述语中的任何一种，即“病”与“很”不能搭配。此例可改用状态补语，如“病得很重”“病得很厉害”“病得不轻”等。

例（2）—（6）中的程度补语都是“多”。据马庆株研究，程度补语“多”前头的述语动词限于少数几个心理动词、感受动词、变化动词，如“满意、关心、明白、担心、小心、安心、挤”等。当然，性质形容词都能做程度补语“多”前的述语。② 例（2）—（6）中的动词“提高”“锻炼”“变”“忘”“错”都不在上述范围之内，所以都不成立。各例可分别改为：

（2）……我的汉语水平提高了很多。

（3）他每天锻炼很长时间。

（4）……这几年变化很多（很大）。

（5）他把我的话忘了很多。

---

① 马庆株（1992）《汉语动词和动词性结构》第156—164页，北京语言学院出版社。

② 马庆株（1992）《汉语动词和动词性结构》第104页、第156—157页，北京语言学院出版社。

（6）你这样看问题很不对。

主要参考文献

李临定（1992）带“得”字的补语句，《现代汉语补语研究资料》，北京语言学院出版社。

刘月华等（1983）《实用现代汉语语法》，外语教学与研究出版社。

鲁健骥（1992）状态补语的语境背景及其他，《语言教学与研究》第1期。

鲁健骥（1993）状态补语的句法、语义、语用分析在教学中的应用，《语言教学与研究》第2期。

马庆株（1992）《汉语动词和动词性结构》，北京语言学院出版社。

王　还（1994）汉语结果补语的一些特点，《门外偶得集》（增订本），北京语言学院出版社。

王丘丕、施建基（1990）程度与情状，《中国语文》第6期。

朱德熙（1982）《语法讲义》，商务印书馆。